LE **GUIDE** DU nouveau papa

COLIN COOPER

À Imogen, Camille et Cameron

97-B, Montée des Bouleaux, Saint-Constant, Qc, Canada, J5A 1A9
Tél.: 450 638-3338 Télécopieur: 450 638-4338
www.broquet.qc.ca info@broquet.qc.ca

Catalogage avant publication de Bibliothèque et Archives nationales du Québec et Bibliothèque et Archives Canada

Cooper, Colin

Le guide du nouveau papa

Traduction de: A dad's guide to babycare.

Comprend un index.

ISBN 978-2-89654-042-6

1. Nourrissons - Soins. 2. Tout-petits - Soins. 3. Père et nourrisson. I. Titre.

HQ774.C6614 649'.122 C2008-941828-X

Pour l'aide à la réalisation de son programme éditorial, l'éditeur remercie: le gouvernement du Canada par l'entremise du Programme d'aide au développement de l'industrie de l'édition (PADIÉ); la Société de développement des entreprises culturelles (SODEC); l'Association pour l'exportation du livre canadien (AELC); le gouvernement du Québec – Programme de crédit d'impôt pour l'édition de livres – Gestion SODEC.

Titre original: *A dad's guide to babycare*
Première publication en Grande-Bretagne en 2008,
par Carroll & Brown Publishers Limited
20 Lonsdale Road, London NW6 6RD

Éditeur artistique responsable Emily Cook
Photographie Jules Selmes

Dépôts légal – Bibliothèque et Archives nationales du Québec
4e trimestre 2008.

Traduction: Jean Roby
Révision: Marcel Broquet, François Roberge
Infographie: Annabelle Gauthier, Sandra Martel

Imprimé en Malaisie

ISBN 978-2-89654-042-6

Table des matières

Introduction

Les nouvelles mamans pensent parfois que les nouveaux papas sont inutiles. Ont-elles raison? Eh bien, comme nous sommes ici dans le domaine des généralisations, la réponse à cette question doit être «oui», mais ce n'est pas un problème insoluble!

Nous devons accepter que les femmes soient naturellement celles qui prodiguent le plus de soins au bébé. Elles sont biologiquement réglées pour ce rôle et le corps de la femme offre tout ce qu'un nouveau-né requiert pour survivre. Toutefois, cela soumet les mamans à beaucoup de pression et peut créer des problèmes aux deux parents. Une maman a besoin d'aide, mais estimera qu'elle est la seule personne apte à faire le travail correctement; un papa peut se sentir exclu et peut alors devenir «inutile».

Un nouveau papa doit manifester son intention d'être tout à fait impliqué dans les soins à donner à son enfant le plus tôt possible et tenir ses promesses dès que bébé vient au monde. Les conjoints doivent s'entendre clairement sur le partage équitable des responsabilités relatives au bébé et, aussi souvent que possible, des tâches domestiques.

Une nouvelle maman croira toujours qu'elle peut faire les choses plus vite pour le bébé que n'importe qui (elle a probablement raison) et elle refusera souvent de l'aide, même quand elle sera désespérée et que vous lui offrirez cette aide. C'est très stressant, dira-t-elle, et le temps manque pour vous montrer ce qu'il y a à faire. Toutefois, cela signifie non seulement que vous êtes repoussé dans les coulisses, mais aussi que vous n'avez pas l'occasion d'apprendre pour prendre la relève la prochaine fois. Par conséquent, il ne faut pas uniquement vous tailler votre propre rôle, mais aussi savoir ce que vous faites et avoir assez confiance en vous pour offrir une aide valable.

La plupart des pères apprennent à s'occuper des bébés à tâtons, et à tâtons, et encore à tâtons. Le but de ce livre, c'est de vous fournir un raccourci vers la sagesse de papas d'expérience qui ont appris à leurs dépens.

Certains conseils fonctionneront pour vous sur-le-champ, d'autres idées fonctionneront un jour, mais non le lendemain. Vous dédaignerez certains avis et vous passerez à la page suivante, parce qu'ils vous sembleront insensés ou pas du tout appropriés à votre vie quotidienne. C'est sans conséquence, parce qu'il n'y a pas de règles pour élever les bébés; chaque enfant est différent. Cependant, à l'occasion, les idées les plus improbables fonctionneront quand vous vous y attendrez le moins; par conséquent, il est toujours bon de varier les approches, pour le cas où elles vous causeraient d'agréables surprises.

Il y a des chapitres sur toutes les techniques de base et sur quelques grandes idées à explorer, comme la manière d'assumer la responsabilité d'être un modèle. Vous apprendrez vite ce qui doit être fait et comment le faire. Tout ce qu'il vous faut, c'est de la pratique. Et vous pouvez tailler votre approche en discutant avec votre partenaire pour combler ses besoins et ceux de votre enfant.

Bref, ce livre devrait vous donner tout ce qu'il vous faut pour vous rendre utile.

Bonne chance!

C'est mon bébé

À quoi peut ressembler votre bébé

Garçon ? Fille ? Extraterrestre ? Tous les bébés ressemblent un peu à E.T., avec ou sans cheveux sur la tête. Pensez à l'air que vous auriez si vous aviez passé neuf mois dans un bain chaud, avant d'être expulsé de force par la bonde – à vif, ratatiné, enflé et tuméfié sont les premiers mots qui viennent à l'esprit. Bien sûr, votre bébé peut être beau dès l'arrivée. Néanmoins, si vous ne pensez pas que ce soit le cas, d'autres membres de la famille extasiés vous convaincront bientôt que votre bébé est exceptionnellement beau.

ALIGNEZ CORRECTEMENT VOS PRIORITÉS

Les premières heures suivant la naissance existent seulement pour souffler et récupérer. Votre bébé a besoin de s'installer en douceur dans son nouveau monde, votre conjointe a un sérieux besoin de repos et vous vous sentirez quelque peu en état de choc. Il y aura des choses pratiques à organiser, mais restez collé aux besoins immédiats de votre nouvelle famille plutôt que de vous précipiter en cherchant à « faire quelque chose ». Ce que votre conjointe appréciera le plus, ce sera que vous leur accordiez, à elle et au bébé, toute votre attention, ce sera de voir et de vous entendre dire combien vous les aimez. À un niveau très élémentaire, votre « acceptation » du bébé est vitale pour engager la relation familiale sur le bon pied. Votre conjointe ayant besoin de sentir qu'elle et le bébé ont votre soutien inconditionnel pour les années à venir, dites-le-lui dès le départ et consacrez du temps à lui dire ce que vous ressentez et à écouter ce qu'elle ressent.

La tête – Le crâne de votre bébé peut être légèrement déformé et pointu. Cela se produit au cours d'un accouchement normal et même lors de certaines naissances par césarienne. Dans les deux cas, votre bébé a passé du temps la tête en bas dans le col de l'utérus. Ne vous inquiétez pas, le crâne reviendra graduellement à son état normal. Les bébés pour lesquels on a utilisé les forceps ou des ventouses peuvent avoir des meurtrissures.

Les fontanelles – Il y aura deux zones tendres, palpitant au sommet du crâne de votre bébé, qui lui donnent la flexibilité requise pour être pressé en traversant le col de l'utérus. Les fontanelles ne se referment pas complètement avant l'âge de deux ans environ, mais elles sont recouvertes par une membrane résistante.

Les cheveux – Votre bébé peut avoir la tête chevelue ou dégarnie. Peu importe les cheveux qu'il a, il les perdra bientôt au profit d'une nouvelle pousse, qui peut varier en couleur et en texture.

Les oreilles – Certains bords d'oreille peuvent être repliés à la naissance, mais ils retrouveront peu à peu leur forme naturelle.

Les yeux – Ils peuvent être injectés de sang, bouffis, ou le bébé n'en ouvrira qu'un à la fois. La plupart des enfants blancs ont les yeux bleu foncé à l'origine, alors que les plupart des enfants africains et asiatiques ont les yeux gris foncé ou brun à la naissance. La vraie couleur n'apparaîtra pas avant six mois environ.

Le nez – Il peut être aplati.

La bouche – Chose très rare, le bébé naîtra avec une dent, qui devra être enlevée.

La peau – L'apparence de la peau de votre bébé variera selon qu'il est né prématurément, à terme ou tardivement. Vous pourriez observer deux choses : le lanugo – un fin duvet – et le vernix caseosa, une substance grasse et blanchâtre qui recouvre la peau. Plus le bébé séjourne longtemps dans le ventre de sa mère, moins grandes sont les chances de présence de lanugo ou de vernis.

La poitrine – Les bouts de sein peuvent être enflés et suppurer suite à l'action d'hormones. Toute enflure ou suppuration disparaîtra en quelques jours.

Le cordon ombilical – Le bout du cordon ombilical sera pincé pour prévenir tout saignement. Il séchera bientôt, noircira et tombera éventuellement.

Les parties génitales – Elles sont souvent enflées au début, à la suite d'une forte dose d'hormones reçue de la mère avant la naissance.

Les doigts – Les doigts et les ongles sont parfaitement formés à la naissance. Les ongles peuvent être coupants et, parfois, bleus. Cette couleur devrait disparaître en quelques jours.

La posture – Les genoux de votre bébé seront remontés tout près de son corps.

Les pieds – Parfaitement formés à la naissance, les pieds et les orteils paraissent délicats, mais peuvent être très flexibles.

Le récit de Michel

Quand ma fille est née, elle avait l'air tellement battue et meurtrie. Cela avait été un accouchement long et pénible, requérant l'usage des forceps. Elle était une si petite chose ; j'étais renversé par la résistance qu'elle avait démontrée pour traverser toute l'épreuve. Les traces des forceps étaient nettement visibles sur sa tête et sa peau paraissait très à vif. L'expérience avait été traumatisante pour nous tous mais, au bout de quelques semaines, les marques avaient disparu et nous pouvions voir combien elle était belle.

Les besoins de votre bébé

Une fois que votre bébé est né, vous avez besoin de savoir comment il «fonctionne» pour assurer la satisfaction de tous ses besoins. À vrai dire, ils se réduisent à une très courte liste de trois: la nourriture, le sommeil et le contact humain. Il a aussi besoin qu'on le change de couche entre six et douze fois par jour, mais vous le saviez probablement déjà.

Sans doute, votre conjointe verra-t-elle à ces besoins la plupart du temps, surtout si elle allaite. Toutefois, si vous comprenez de quoi il retourne avec votre bébé, vous pourrez prendre la relève dès qu'une occasion se présentera. Votre conjointe se sentira rassurée si vous démontrez de l'intérêt et si vous tentez de développer vos capacités à prodiguer des soins au bébé. En outre, chaque minute d'interaction entre votre bébé et vous offre la chance d'établir des liens entre vous. Vous saurez quand votre bébé voudra satisfaire l'un ou l'autre de ses trois besoins essentiels, parce qu'il vous le signalera au moyen d'une technique éprouvée depuis des millénaires: il pleurera.

La nourriture

On dit que le bébé moyen prend environ 12 «repas» par jour, alors qu'il entame une phase de croissance rapide après l'accouchement. En fait, durant les quelques jours suivant sa naissance, votre bébé perdra environ 10% de son poids, mais le regagnera dans les prochaines semaines. Par la suite, son poids augmentera rapidement durant la première année, souvent jusqu'à un demi-kilo (environ une livre) par semaine.

Votre bébé peut se nourrir exclusivement de lait pendant les premiers six mois au moins, avant d'être graduellement sevré pour recevoir une alimentation solide. Tant le lait maternel que le lait maternisé renferment tout ce dont le bébé a besoin pour son développement normal, quoique le lait maternel soit le seul qui contienne les ingrédients naturels qui renforceront son système immunitaire.

100 La quantité d'excréments, en kilos, que le bébé moyen évacue au cours de ses deux premières années et demie de vie (à quoi s'ajoutent environ 250 litres d'urine).

Le sommeil

Les bébés ont besoin de beaucoup de sommeil. Et, à moins que le vôtre n'ait un problème, comme les coliques, qui le feront pleurer des heures durant, vous vous demanderez probablement ce qu'il en est de toutes ces histoires à propos de nuits sans sommeil. En effet, si vous êtes chanceux, votre congé de paternité peut s'avérer une période très tranquille.

Votre bébé traverse une énorme phase de croissance, il a eu une venue au monde traumatisante et il apprend une toute nouvelle façon de vivre. Pas étonnant qu'il soit fatigué! Cependant, il est peu probable que votre bébé dorme durant de longues périodes; il s'éveillera probablement au bout de trois ou quatre heures, le jour comme la nuit – ça, c'est la partie pénible.

15 Le nombre d'heures de sommeil par jour d'un bébé moyen dans ses trois premiers mois de vie.

Graduellement, la quantité de sommeil requis diminuera, mais il aura pourtant besoin de dormir 12 heures par nuit à l'âge de trois ans. Le défi pour votre conjointe et vous sera de lui inculquer de bonnes habitudes de sommeil pour vous assurer qu' à cet âge, il ne vous réveillera pas encore au milieu de la nuit.

Le contact humain

De nombreuses études ont démontré l'importance du contact humain pour un sain développement mental et physique des bébés. Nous nous sentons tous mieux après un câlin – et votre bébé ne fait

8 Le poids moyen en kilos que vous soulevez en portant un garçon âgé de six mois. À 18 mois, le poids moyen est de 12 kilos.

pas exception. Malheureux d'avoir été expulsé du ventre si confortable de maman, il aura besoin de tout le réconfort qu'on pourra lui donner pour être heureux dans ce nouveau monde. Vous pouvez penser qu'il devrait commencer à développer une certaine indépendance le plus tôt possible, mais le laisser en pleurs dans son jeune âge ne fera que lui faire sentir qu'il est seul au monde et que personne ne l'aime. Par contre, le prendre dans vos bras l'aidera à le sécuriser émotivement. En effet, vous seriez renversé d'apprendre combien votre bébé s'attend à ce que vous le preniez dans vos bras durant les six premiers mois, car il tente alors de retrouver les sentiments de sécurité et les mouvements qu'il a connus dans le ventre de sa mère.

L'instinct de survie

Votre bébé manifestera une gamme de réflexes au cours des six premiers mois de vie, lesquels sont tous liés à la satisfaction de ses besoins essentiels – en fait, il s'agit d'une série de réflexes instinctifs de survie profondément enracinés qui font partie du caractère humain depuis l'origine.

Le réflexe de la préhension. Si vous mettez un doigt dans la main de votre bébé, il l'agrippera bien fort. Sa prise peut être si ferme que vous pourriez presque le soulever par les bras. Ce réflexe disparaît généralement au bout de quatre mois environ.

Le réflexe de la marche. Si vous tenez votre bébé debout sous les bras et laissez ses pieds en contact avec une surface plane, il esquissera naturellement des mouvements de marche et cherchera à avancer. Ce réflexe disparaît habituellement quand il a atteint l'âge de deux mois.

Le réflexe de la succion. L'instinct naturel du bébé le pousse à sucer tout ce qui est introduit dans sa bouche – le sein de sa maman, la tétine d'un biberon ou votre doigt. C'est un réflexe de survie crucial et une forte succion est le signe d'un bébé en santé. Il peut aussi sucer son pouce ou un autre doigt pour s'apaiser lui-même.

Le réflexe de sursaut. Quand votre bébé entend un gros bruit ou qu'il est déplacé brusquement, il projettera ses mains de chaque côté, les doigts écartés. Ensuite, il ramènera ses bras contre sa poitrine, les poings serrés fermement et le tout se terminera probablement par une séquence de pleurs.

Le réflexe de plongeon. Quoique vous ne devriez jamais laisser votre bébé nager sous l'eau, si vous placez votre nouveau-né sous la surface pendant un court moment, il nagera avec bonheur parce que ses poumons se ferment automatiquement sous l'eau.

Le réflexe des points cardinaux. Chatouillez le côté de la joue de votre bébé et il se tournera vers vous pour tenter de sucer votre doigt; cela l'aide à trouver sa nourriture. Chatouillez les lèvres de votre bébé pour l'encourager à boire. Ce réflexe dure pendant toute la période d'allaitement.

Ce que votre bébé peut faire

Durant les six premières semaines de la vie d'un bébé, son objectif principal consiste à s'acclimater au monde très différent à l'extérieur du ventre de sa mère. Il a flotté neuf mois dans un milieu qui pourvoyait au moindre de ses besoins – maintenant, il doit réclamer son souper et tout le reste. Au début, c'est donc tout un choc pour lui.

À mesure qu'il s'acclimatera, il commencera à explorer son corps et son nouvel environnement. Avec votre aide, il se développera si vite, mentalement et physiquement, que vous remarquerez parfois des changements quotidiens.

En général, les changements les plus marqués tendent à survenir par poussée. Votre bébé semblera sur le point de changer pendant un temps, semblant emmagasiner de l'information comme s'il savait qu'il s'apprête à faire un saut dans l'inconnu. Ensuite, il fait le saut et se met à faire des choses que vous n'auriez pas cru possibles la veille. Néanmoins, tous les enfants sont différents et développent leurs habiletés à leur propre rythme ; les règles générales en la matière ne sont justement que cela, générales. Des bébés marcheront à 10 mois environ, mais pourront prendre plus de temps pour acquérir le langage, alors

4e SEMAINE
Il peut regarder autour de lui cherchant la source d'un son. Il regarde attentivement quand il est nourri et qu'on lui parle. Il arrête de pleurer quand on le prend et lui parle. Couché sur le ventre, il peut relever la tête pendant une minute.

6e SEMAINE
Votre bébé commence à vous reconnaître et vous sourit, même si vous ne lui parlez pas. Quand vous souriez et parlez en même temps, il peut vous renvoyer votre sourire et gazouiller.

8e SEMAINE
Il pourra regarder ses mains, les ouvrir, les saisir l'une l'autre et tripoter ses doigts. Il peut aussi faire le point et suivre un jouet placé à 20 cm environ devant son visage. C'est une phase importante dans l'apprentissage des liens entre ce qu'il peut voir, entendre et toucher.

10e SEMAINE
Il commence à s'intéresser à ce qui se passe autour de lui. Il est éveillé pendant de plus longues périodes.

3e MOIS
Il lèvera les yeux en buvant. Il commence à anticiper les choses agréables – par exemple, il est excité quand il voit qu'on prépare son biberon.

4e MOIS
Il manifeste de la curiosité à l'égard des nouvelles choses et les met dans sa bouche. Il appréciera de rebondir sur ses pieds lorsque vous le tenez debout. Il commencera peut-être à ramasser ses genoux sous lui et à pousser avec les pieds, et à soulever les épaules pour pousser avec ses mains, utilisant les muscles dont il aura besoin plus tard pour ramper. Son champ de vision s'est beaucoup agrandi et il peut modeler ses mains pour tenir des objets avec facilité. Il peut se mettre à pleurer si vous quittez la pièce.

5e MOIS
Les muscles de son dos se sont renforcés et il peut s'asseoir confortablement, à la condition d'avoir un support quelconque au bas de la colonne vertébrale. Il peut aussi tourner la tête d'un côté comme de l'autre.

6e MOIS
Il peut devenir excité en entendant la voix de quelqu'un qu'il connaît bien. Il rit et glousse, et il commence à utiliser ses mains pour explorer différentes textures. Pour saisir un jouet, il tend une main ou les deux. Il peut relever la tête, la poitrine et l'abdomen du plancher quand il est couché sur le ventre.

que d'autres babilleront avec assurance à 18 mois, mais ne marcheront pas avant d'avoir presque deux ans.

Cette incertitude est, en partie, ce qui rend le développement de votre bébé si fascinant à observer et la première année sera probablement l'une des périodes les plus passionnantes de votre vie. Par conséquent, tâchez de vous impliquer le plus possible et essayez de ne pas rater ses premiers sourires, ses premières tentatives pour ramper et ses premiers «mots» – toutes choses qui se graveront à jamais dans votre mémoire.

PARLONS DE... LA MANIÈRE DE SUIVRE LES CHANGEMENTS

Le retour au travail produit un choc réel sur l'organisation domestique et vous vous demanderez comment suivre le développement de votre enfant alors que vous passerez autant de temps à l'extérieur du foyer. Totalement absorbée dans les soins à donner au bébé 24 heures sur 24, votre conjointe ne percevra pas toujours les changements qui seraient significatifs pour vous. Dites-lui combien vous êtes intéressé par les moindres aspects de sa vie quotidienne et encouragez-la à tenir un journal simple. C'est une activité que de nombreuses mamans disent n'avoir pu faire, faute de temps. Cela vous aiderait à rester en contact, l'aiderait à exprimer ses sentiments et à résoudre les stress, sans compter, bien sûr, qu'un journal s'avère un merveilleux témoignage sur cette période, et que vous relirez beaucoup plus tard.

7e MOIS

Il commence à utiliser ses doigts et ses pouces pour saisir et tenir des objets. Il répétera peut-être des mots d'une syllabe pour former deux syllabes, par exemple, «manman», «pa-pa». Il commence à se servir d'une cuillère. Il sera probablement capable de se supporter d'une seule main quand il rampe.

8e MOIS

Il peut rester assis pendant de longues périodes sans support et se pencher pour ramasser des objets. Il peut se tenir à quatre pattes et exécuter des roulades, des poussées et divers mouvements tournants. Il commence à ramper ou peut préférer glisser sur le plancher, tantôt sur le ventre, tantôt sur les fesses.

9e MOIS

Il peut se redresser en prenant appui sur les meubles. Il peut ramper ou glisser sur les fesses ou le ventre. Il peut trouver d'abord plus facile de ramper à reculons. Il reconnaît peut-être son prénom. Il joue à faire coucou. Il appréciera de manger seul avec ses mains. Il peut pointer des objets, taper des mains et envoyer la main.

10e MOIS

Il peut supporter son propre poids quand il est debout, mais il ne maîtrise pas encore son équilibre. Il peut déplier les doigts pour relâcher un objet et il adore laisser tomber tout ce qu'il ramasse. Il arrêtera de faire ce qu'il fait lorsqu' il entend le mot «Non».

11e MOIS

Il commence à se soulever lui-même pour se mettre debout et il peut se retrouver coincé une fois arrivé là. Il peut faire des pas de côté autour des meubles.

12e MOIS

Il commence à se tenir debout sans aide et peut faire des pas de lui-même. Il peut ramasser de très petits objets, il aime lancer des objets et remplir, puis vider des contenants. Il peut dire son premier vrai mot, identifiant un objet ou une personne. Il pourra vous donner un jouet ou un objet à la demande. Il écoute et pointe un objet familier dans un livre d'images. Il rend les étreintes affectueuses avec ses propres câlins.

Comment communiquer l'un avec l'autre

Durant les toutes premières heures de la vie de votre bébé, il y a de bonnes chances qu'il vous entende parler et se tourne vers vous. Il ne peut pas encore vous voir clairement, mais reconnaît votre voix. Vous êtes son père et, pendant une bonne part du temps passé dans le ventre de sa mère, il pouvait capter des sons de l'extérieur. L'un d'eux, qu'il a entendu le plus souvent, était votre voix. Vous faisiez déjà partie de sa vie et de son environnement avant qu'il ne vienne au monde. La relation est déjà établie et il vous revient maintenant de la bâtir sur cette base solide.

Vous vous sentirez probablement maladroit au début, parce que vous n'avez pas un rôle précis sinon de continuer à soutenir votre conjointe comme vous l'avez fait durant la grossesse et l'accouchement. Pendant ce temps, votre bébé semble uniquement intéressé à être allaité par sa mère. Alors, que pouvez-vous faire pour bâtir la relation ?

Comme je l'ai déjà mentionné, votre bébé peut fort bien reconnaître votre voix, entendue quand il était dans le ventre de sa mère. À ce stade, son ouïe était plus sensible aux basses fréquences et, conséquemment, votre voix plus grave était plus audible – sauf que, étant dans le ventre de sa mère, le bébé avait un accès plus direct à la voix de celle-ci, en dépit de son timbre plus aigu. La situation est similaire maintenant qu'il est au monde. Durant les premières semaines et les premiers mois, il saura que vous êtes avec lui, mais sa relation la plus directe demeurera avec sa mère – il est programmé pour s'accrocher à elle pour sa survie.

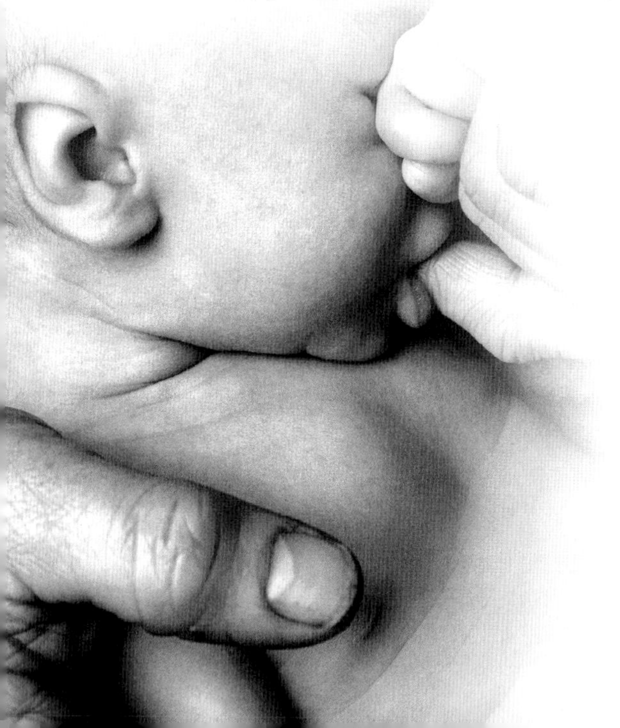

Ainsi, pour que vous, à titre de nouveau papa, tiriez le maximum des quelques occasions qui se présenteront pour développer votre relation avec le bébé, il est crucial de comprendre de quelle manière votre bébé établit un rapport avec vous.

- S'approcher de très près est la clé. Comme votre nouveau-né ne peut voir qu'à 20 cm devant lui, donnez-lui donc la meilleure vue possible. En fait, il a été démontré que les bébés peuvent imiter les expressions faciales de leur père une heure après leur naissance. Cela révèle non seulement que les nouveaux nés sont plus développés que nous le pensons, mais encore cela devrait encourager les papas à fournir un effort additionnel pour entrer en communication.
- Son sens du toucher se développe encore mais, incontestablement, votre visage non rasé sera différent de celui de sa mère – prenez seulement soin de ne pas écorcher sa peau sensible.
- Quant à l'odorat, il était capable de s'en servir quand il se prélassait dans le ventre de sa mère, mais il ne vous reconnaîtra pas à l'odeur comme il le fait pour sa maman. Le tenir tout contre vous l'aidera à loger votre odeur dans sa mémoire.
- Le promener dans vos bras en le berçant doucement est la façon idéale de satisfaire tous ces besoins de contact du même coup; en outre, le mouvement contribue à développer son sens de l'équilibre.
- Parler est aussi très important. Il adorera vous entendre parler et chanter lorsque vous le câlinez. Une fois que vous pourrez le nourrir, cela constituera le mélange parfait des attentions de papa. Jusque-là, donnez-lui votre petit doigt à téter quand il a besoin d'être rassuré.

2

Soudain, je suis papa !

Réactions émotives

« Comment te sens-tu ? » Voici une question que l'on ne pose pas souvent aux papas dans les premières semaines qui suivent la naissance. Si on le fait, on n'attend pas une réponse – c'est plus une blague qu'un intérêt réel pour le bien-être du père. Après tout, c'est la mère qui a connu des mois d'inconfort, la douloureuse expérience de l'accouchement et qui fait face encore à des mois d'épuisement. Toutefois, la santé des hommes est désormais à l'ordre du jour et il y a un nombre croissant de recherches effectuées dans ce domaine.

Tout comme votre présence lors de l'accouchement vous a fait traverser une large gamme d'émotions, les semaines qui suivent cette expérience peuvent s'avérer difficiles aussi. L'excitation croissante à mesure que l'évènement approchait et l'euphorie initiale que vous avez ressentie en tenant votre propre enfant peuvent rapidement dégénérer : on doute de soi, on regrette et on craint pour l'avenir alors que la réalité de la situation s'impose.

En plus de toutes vos nouvelles responsabilités, vous avez moins de temps, d'argent et d'énergie. Vous pouvez vous sentir coupable de n'avoir pas assisté à l'accouchement ou, si vous y étiez, d'avoir imposé une telle épreuve à votre conjointe. Si c'était un accouchement difficile et que vous avez dû enfiler une blouse et vous précipiter dans la salle d'opération avec le médecin et les infirmières, vous pourriez être en état de choc au cours des jours suivants. Certains hommes sont mécontents du sexe de leur bébé, parce qu'il désirait vraiment un enfant de l'autre sexe ; d'autres sont parfaitement heureux, mais s'inquiètent de ne pas éprouver d'amour intense pour leur nouveau-né, s'imaginant qu'il devrait se manifester instantanément.

Il y a donc toutes sortes de réactions émotives qui entrent en jeu.

Cependant, vous êtes un homme et le rôle stéréotypé de l'homme est d'être fort, muet et capable de faire face. On vous accorde quelques larmes à la naissance mais, ensuite, il faut aller de l'avant. C'est ce que la famille et les amis attendent de vous et c'est peut-être ce que pense votre conjointe, jusqu'à voir en vous un raté si vous ne vous conformez pas au stéréotype.

Par chance, la grande majorité des hommes parviennent à traverser la précarité des premières semaines et à aller de l'avant pour profiter pleinement de l'expérience d'avoir un bébé. Et le meilleur moyen de faire échec à tout « baby blues », c'est de vous impliquer dans les soins à donner à votre bébé. Vous devez accepter que cet ajout à votre vie soit désormais le centre de votre vie – de façon permanente. Lorsque vous serez à l'aise avec

LA DÉPRESSION POSTNATALE CHEZ L'HOMME

On a longtemps pensé que la dépression postnatale (ou post-partum) était une condition n'affectant que les mamans, mais les chercheurs commencent maintenant à la prendre au sérieux chez les hommes. Une étude récente menée auprès de 8 000 pères a révélé que, huit semaines après la naissance, un père sur 25 souffrait de dépression postnatale, par rapport à une mère sur dix. Bien sûr, à peu près tout le monde connaîtra quelques semaines difficiles mais, si le sentiment perdure, alors la véritable dépression peut porter un coup dévastateur à la famille, au point que le parent peut quitter le domicile ou devenir suicidaire. On a aussi suggéré que la dépression chez les nouveaux pères a des effets particulièrement néfastes pour le développement de leurs fils, qui paraissent influencés dès leur tout jeune âge par le comportement de leurs pères.

Le gros problème des hommes, c'est qu'ils sont beaucoup moins portés que les femmes à demander de l'aide. Pourtant, la dépression n'est pas quelque chose dont on doit avoir honte et une simple série de traitements suffit généralement pour s'en tirer.

cette idée et que vous aurez acquis autant d'expérience directe que possible avec votre bébé, votre estime de soi reviendra à mesure que votre assurance grandira et, bientôt, vous commencerez à sentir que votre amour vous est rendu par des étreintes, des baisers et des sourires.

PARLONS DE... | LA DÉPRESSION

La véritable dépression peut s'avérer difficile à diagnostiquer durant les mois agités qui suivent la naissance et les professionnels de la santé ne sont pas formés pour en déceler les symptômes chez les pères. Si vous éprouvez un manque d'intérêt pour vos activités habituelles, de la difficulté à vous concentrer ou à prendre des décisions, si vous vous sentez bon à rien ou coupable, si vous éprouvez des variations d'appétit et de sommeil ou une anxiété excessive à propos de la santé de votre bébé, il est alors possible que vous soyez en dépression.

La meilleure chose à faire à ce stade, c'est d'en parler avec votre conjointe, un ami ou un professionnel de la santé – rendu là, vous aurez déjà le début d'une solution au problème. Gardez à l'esprit que, en tant qu'homme, vous êtes plus sujet à souffrir de dépression si vous êtes sans emploi, si vous avez déjà souffert de dépression ou si votre conjointe en a déjà souffert.

Réorganiser vos priorités

La responsabilité est la chose qui accompagne votre bébé quand il se présente dans la salle d'accouchement. Si vous ne l'avez pas perçue auparavant, ce sera certainement le cas quand le cordon ombilical sera coupé. Votre bébé est désormais au monde et votre conjointe n'assume plus seule la responsabilité de son bien-être. C'est votre bébé et il est sous votre responsabilité pour les 18 prochaines années, au moins. C'est un nouveau sentiment énorme que certains papas trouvent difficile à assumer.

Il y a, au fond, deux manières d'envisager la responsabilité. Vous pouvez l'accepter avec réticence et la laisser vous tirailler, ou vous pouvez la prendre à bord avec une attitude positive, dynamique, qui vous fera du bien de même qu'à vos proches.

Si vous choisissez la première option et que vous vivotez en cherchant à vivre comme auparavant, vous passerez alors beaucoup de temps à vous demander pourquoi vous vouliez un enfant au départ. C'est seulement en choisissant la deuxième option, l'approche positive et dynamique de la paternité, que vous aurez une vraie réponse à cette question.

Inévitablement, un mode de vie plus familial implique moins d'activités non familiales, comme des sorties après le travail, des tête-à-tête avec votre conjointe et, même, le simple plaisir de flâner les matins de fin de semaine en lisant le journal.

Bref, avoir un bébé vous oblige finalement à vieillir. Si vous ne l'avez déjà fait, vous devez réorganiser vos priorités. Qu'est-ce qui importe vraiment dans votre vie ? Pas seulement maintenant, mais aussi à l'avenir ? Ce peut être la première fois que vous prévoyiez plus que quelques mois ou quelques années d'avance. Aussi morbide que cela puisse paraître, la première chose à faire, c'est de rédiger votre testament.

Alors que vous commencez à faire le tour de ces questions essentielles, vous devrez aussi passer en revue vos finances. Les bébés ne sont pas gratuits. Il y a tous les objets essentiels à acheter à l'unité comme la poussette, le lit de bébé et le siège d'auto pour enfant, en plus des articles de consommation quotidienne comme les couches, les vêtements et, possiblement, du lait maternisé et des biberons. Et la liste continuera de s'allonger à mesure que votre bébé grandira. Si vous n'avez pas déjà changé de domicile pour accommoder le nouveau membre de la famille, alors vous serez sans doute bientôt à la recherche d'un lieu offrant plus d'espace.

Ce sera peut-être la première fois que votre conjointe et vous aurez attaqué ensemble les questions

PARLONS DE... NOS FINANCES

Idéalement, vous devriez avoir commencé à discuter de questions financières avant la naissance de votre bébé, quand vous aviez plus de temps et moins de distractions. Pourtant, ces questions sont facilement remises à plus tard durant les beaux jours. Maintenant que le bébé est né, vous réalisez l'importance de réarranger les finances familiales, mais votre conjointe est absorbée par les soins quotidiens et peut être moins apte à avoir une vue d'ensemble. Vous devez prendre l'initiative dans ce domaine; convenez d'un bon moment pour vous asseoir ensemble et discuter de la situation. N'essayez de régler trop de choses la première fois; concentrez-vous seulement sur les problèmes immédiats et assurez-vous de prendre des décisions. Préparez-vous d'avance le mieux possible pour faire les choix les plus simples qui soient, mais assurez-vous que votre conjointe a son mot à dire, égal au vôtre, dans la discussion.

financières, comme de vrais partenaires, mais c'est un domaine dans lequel vous pouvez prendre les rênes et assurer votre conjointe qu'elle n'a pas à s'en inquiéter.

Vous occuper de vous-même

Il n'y a rien d'aberrant à ce qu'un nouveau papa passe toute la journée en pyjama. Quand vous bénéficiez d'un congé de paternité, toutes les normes sociales sont suspendues. Si des amis, des voisins ou des parents se présentent à l'improviste, seulement pour voir comment vous allez, le mieux auquel ils peuvent raisonnablement s'attendre, c'est de voir un visage pâle à la fenêtre. Adressez-leur votre plus beau sourire et faites leur signe que tout va bien. Si ça ne suffit pas, ouvrez grand les rideaux pour qu'ils voient votre pyjama chiffonné. Si, encore, ils ne saisissent pas, appelez la police!

Ce qui est ici en cause, c'est qu'il y a tant à faire avec votre conjointe et le bébé qu'il est vraiment difficile de vous occuper de vous-même. Cependant, ils ont besoin que vous soyez assez fort, tant mentalement que physiquement, pour les soutenir. Alors, oubliez les attentes des autres et concentrez-vous sur vous trois. Essayez de vous détendre le plus possible – même en faisant une sieste occasionnelle – et ne vous sentez pas contraint de faire quoi que ce soit, non essentiel pour le bien-être de votre nouvelle cellule familiale.

Bien manger reste une nécessité. Alors qu'une bonne alimentation est essentielle pour votre conjointe, surtout si elle allaite, vous devez aussi conserver vos taux de vitamines pour compenser le manque de sommeil et toutes les corvées additionnelles. En outre, votre bébé attirera bientôt tous les virus locaux et, par conséquent, vous avez besoin d'un système immunitaire fort.

Essayez d'apprendre quelques recettes simples de plats sains et réconfortants, plutôt que de dépendre des repas surgelés ou à emporter. De bons aliments

Le récit de Jacques

Pendant mon congé de paternité, souvent, la seule raison que j'avais de m'habiller pendant la journée, c'était pour aller faire des courses au milieu de l'après-midi. J'achetais non seulement ce qui était essentiel, mais toujours aussi des petits gâteaux à la crème comme des gâteries à l'heure du thé, ce qui n'a jamais manqué de nous remonter le moral et de nous donner de l'énergie. Je gardais l'œil ouvert pour des cadeaux-surprises destinés à mon épouse, seulement des petites choses comme un savon de fantaisie, un magazine, une bande vidéo ou un de ses aliments préférés qu'elle n'avait pas pu manger durant sa grossesse. Cela a toujours été apprécié.

peuvent être une bouée de sauvetage durant une telle période et leur préparation peut s'avérer une excellente technique de relaxation. Votre conjointe appréciera aussi une certaine cuisine maison.

Éliminer les mauvaises habitudes

Il y a deux très bonnes raisons de passer en revue votre propre comportement, idéalement avant même la naissance du bébé. D'abord, vous réaliserez bientôt que votre bébé imite tout ce que vous faites. Pratiquement tout le comportement du bébé provient de son observation d'autres êtres humains et, naturellement, il vous verra comme la vedette du spectacle.

L'autre raison est que plusieurs des vices humains classiques auront un impact sur la santé de votre bébé, que ce soit maintenant ou seulement plus tard dans sa vie. Fumer est le problème numéro un.

Dans la mesure où votre propre bien-être est concerné, si vous êtes un fumeur, la meilleure chose que vous puissiez faire est d'arrêter de fumer. Si vous êtes incapable d'écraser, alors abstenez-vous au moins de fumer dans la maison. La fumée peut contribuer au syndrome de mort subite du nourrisson et, généralement, votre bébé sera sujet à plus de maladies infantiles, telles les otites, que les enfants de parents non fumeurs. En outre, votre bébé sera plus susceptible de fumer une fois qu'il sera adulte. Bref, il n'y aura probablement pas une autre période de votre vie où vous aurez autant de bonnes raisons de cesser d'être l'esclave des compagnies de tabac.

D'un autre côté, une quantité modérée d'alcool sera probablement une des choses qui vous gardera en piste comme parent d'un nouveau-né – l'idée de vous détendre avec une bière froide ou un verre de vin à la fin de la journée peut être très stimulante. À vrai dire, il existe beaucoup de preuves médicales démontrant que les propriétés relaxantes de l'alcool peuvent aider à combattre les effets destructeurs du stress sur l'organisme. Néanmoins, ne tombez pas dans le piège de croire que l'alcool vous aidera à dormir – vous pourrez vous sentir fatigué, mais la qualité de votre sommeil ne sera pas la même. La clé, c'est de boire avec modération et de ne pas de dépendre de l'alcool, ou d'autres drogues, pour traverser votre journée. Essayez plutôt d'apprendre quelques techniques de relaxation qui ont le même effet... sans la gueule de bois!

Jurer est quelque chose que bon nombre d'entre nous font sans même y penser, ce qui peut rendre difficile d'en perdre l'habitude. Votre conjointe et vous devrez véritablement policer mutuellement votre langage, surtout que ce sera une période de grande tentation! Dans un sens, jurer est un bon

COMBIEN UN BÉBÉ COÛTE-T-IL?

On dit que les parents au Royaume-Uni dépensent plus pour élever leurs enfants que dans tout autre pays d'Europe, dépassant 46000£ (92000$ CA) durant les cinq premières années de la vie de l'enfant. Entre la naissance et l'âge de 21 ans, les parents britanniques dépensent environ 140000£ (280000$ CA) pour chacun de leurs enfants. Pendant ce temps, en Amérique du Nord, le Département de l'agriculture des États-Unis estime qu'une famille ayant un revenu annuel de 70000$ dépensera environ 270000$ US durant les 17 premières années de la vie d'un enfant.

moyen d'évacuer la colère ou la frustration. Vous avez seulement à vous assurer que vous êtes hors de la portée de l'oreille de votre bébé, parce que vous ne saurez jamais, sauf quand il sera trop tard, quand il aura commencé à retenir certaines de vos expressions préférées qu'il lancera à des visiteurs sans méfiance. Alors, si vous pouvez commencer d'avance à modérer votre comportement, vous aurez moins de problèmes quand votre bébé se transformera en un jeune enfant plus dégourdi.

Vous pensez peut-être que ce n'est pas important quand votre enfant est âgé de quelques jours seulement, mais plus tôt vous en viendrez aux prises avec les habitudes dont votre enfant ne devrait pas hériter, mieux ce sera. Vous n'avez pas de mauvaises habitudes ? Demandez à votre conjointe. Elle dressera une liste détaillée.

Les impacts sur votre couple

Comme vous le savez maintenant, le rôle de l'homme durant la grossesse et l'accouchement en est un de soutien, essentiellement. Dit ainsi, cela semble peu, mais questionnez n'importe quelle mère et elle vous rappellera combien c'était important d'avoir l'appui solide d'un conjoint durant l'une des épreuves les plus exigeantes de sa vie. Et la même chose vaut pour les mois suivant la naissance.

Certains hommes disent qu'ils se sont surpréparés pour l'évènement lui-même et que, une fois le jour J passé, ils se sont sentis tout à fait démunis devant l'engagement à long terme qui suivait.

Ayant traversé les stress émotifs et les tensions entourant la décision d'avoir un bébé, puis vous trouvant devant le fait accompli, vous vous sentez probablement très fier de ce que votre couple ait survécu jusque-là! Pourtant, prenez garde, l'année suivant la naissance poussera probablement votre couple dans ses derniers retranchements. À lui seul, le manque de sommeil nuira à vos rapports quotidiens, sans compter tous les autres défis que votre couple affrontera.

C'est alors que le défaut classique des hommes – le manque de communication – peut devenir un problème grave. Ce peut être difficile au début, mais la solution ici consiste à discuter tôt de ces questions. Si vous avez traversé les stress de la grossesse et de l'accouchement et que votre couple est resté solide – sinon, plus solide encore –, vous êtes alors en bonne position. S'il y avait des problèmes que vous n'aviez pas abordés, occupez-vous en bientôt pour les empêcher de dégénérer.

Pour désamorcer les problèmes, vous devez être constamment à l'écoute des besoins émotifs de votre conjointe. Soyez prêt à l'écouter vous raconter sa journée, comment elle se sent et les problèmes qu'elle affronte, mais sans essayer de lui offrir des solutions « toutes faites ». Souvent, elle voudra seulement se vider le cœur et vos efforts pour brandir une solution magique lui suggéreront que vous ne comprenez pas vraiment ce qu'elle traverse.

Elle voudra aussi vous voir et vous entendre être positif à l'endroit du bébé. Prenez du recul et observez

PARLONS DE... | LA QUESTION DES BONNES HABITUDES

Quand vient le temps de réduire l'alcool et le tabac, votre conjointe devrait avoir une longueur d'avance parce qu'elle a déjà affronté ces défis durant ses neuf mois de grossesse. Toutefois, le soulagement d'avoir enfin accouché peut l'amener à se jeter de nouveau sur les cigarettes et l'alcool pour récompenser son abstinence! Le stress causé par les soins à donner au bébé peut aussi rendre de tels moyens très séduisants pour se détendre à la fin de la journée. Il s'ensuit que le contrôle des mauvaises habitudes sera difficile pour vous deux. Vous devez être francs et honnêtes et vous soutenir l'un l'autre. Si la quantité que boit votre conjointe commence à vous incommoder, mais que vous êtes incertain quant à la façon d'aborder le sujet, un moyen de traiter la question sans faire d' « accusations » consiste à lui dire que vous réduisez votre propre consommation. Si vous pouvez donner l'exemple, en respectant votre engagement, il y a de bonnes chances que votre conjointe vous imite.

vos façons de parler et d'agir, puis essayez d'imaginer comment elles peuvent apparaître à quelqu'un d'hypersensible qui cherche des signes d'encouragement de la part de son conjoint.

Inévitablement, vous serez relégué au second plan de son affection parce qu'elle se concentre sur les besoins de votre bébé, et il n'y a pas moyen qu'il en soit autrement. « Laisse-moi tranquille et rends-toi utile » est une phrase que vous serez bientôt habitué d'entendre. Vous devez accepter votre rôle de soutien durant cette étape de l'histoire, mais faites tout ce que vous pouvez pour participer.

PARLONS DE... | LA COMMUNICATION

Lorsque vous êtes au travail toute la journée, et votre conjointe à domicile avec le bébé, il peut vous sembler que vous vivez dans deux univers tout à fait séparés l'un de l'autre, ce qui rend la communication encore plus difficile qu'à l'ordinaire. Essayez d'établir une manière d'aborder les sujets avec votre conjointe – trouvez le meilleur moment pour discuter des problèmes, par exemple lorsque que vous êtes tous deux moins fatigués, lorsque vous ne subissez pas la pression d'une autre corvée qui vous attend et quand avez tous les deux pris une pause à l'égard du bébé afin de vous éclaircir l'esprit. La clé, c'est de garder les lignes de communication ouvertes. Trouver le temps de parler est le premier obstacle et, ensuite, vous devez tous les deux en avoir envie quand vous vous assoyez enfin ensemble.

Votre vie sexuelle

La question sexuelle fera inévitablement surface une fois que les effets de l'épreuve de l'accouchement commenceront à se dissiper et sera un autre motif de tension dans votre couple. Il se peut que ni l'un ni l'autre n'ait envie de sexe – ayant perdu l'habitude durant la grossesse, vous êtes désormais tout simplement trop fatigués pour faire autre chose que dormir quand vous êtes au lit ensemble.

En général, la confiance en soi de votre conjointe aura été affectée par les changements de son apparence et son nouveau rôle confiné à domicile. Vous devrez être positif pour rebâtir son estime de soi afin qu'elle se sente de nouveau attirante. Cependant, vous devrez peut-être vous résigner au fait que cet aspect de votre couple ne sera peut-être plus jamais le même, dans la mesure où les relations sexuelles ne seront plus aussi fréquentes qu'auparavant. Le bon côté de la chose pourrait être que l'abstinence approfondira vos sentiments et que, au moment de la relation sexuelle, il aura valu la peine d'attendre. Souvenez-vous seulement d'être prudent parce que, même si votre conjointe n'est pas fertile immédiatement après avoir donné naissance, lorsqu'elle aura ses premières règles, elle aura été fertile pendant les deux semaines précédentes environ.

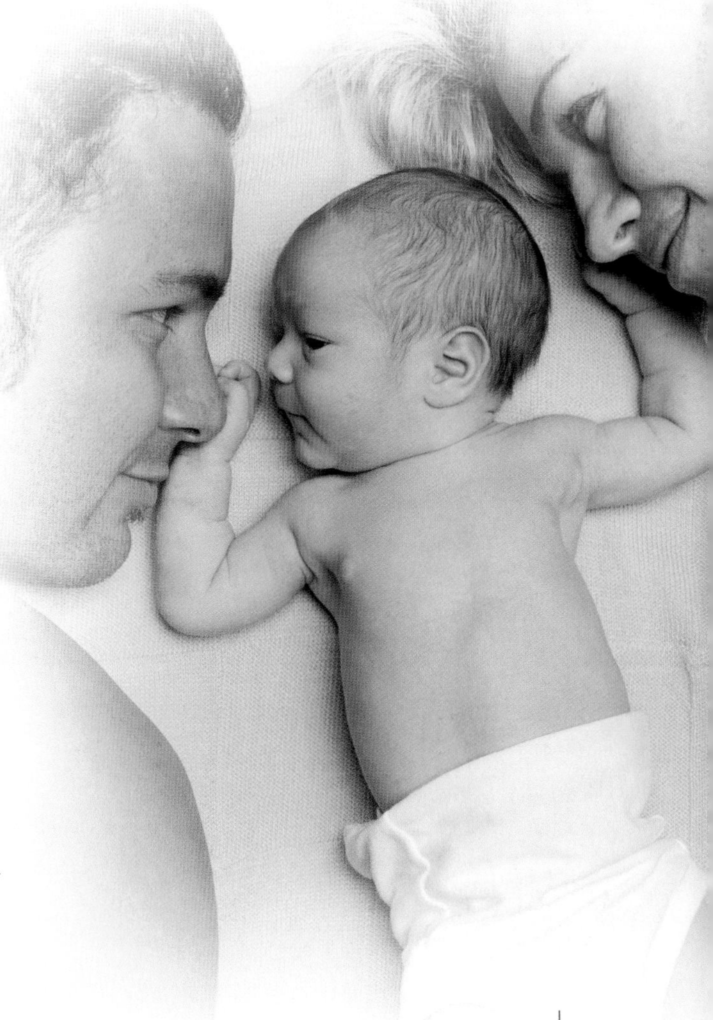

Le récit de Charles

Avant la naissance de notre fille, nous avions l'habitude d'aller souvent au restaurant, de vraiment nous pomponner et de prendre du bon temps. Toutefois, après sa naissance, comme nous ne pouvions nous faire à l'idée de la confier à une gardienne, nous faisions rarement des sorties à deux. Plutôt, nous avons décidé de faire du samedi soir un moment spécial à domicile. Nous faisions toujours l'effort de nous habiller avec soin, de cuisiner un très bon repas, quoique simple, d'acheter une bonne bouteille de vin, de mettre le couvert selon les règles et d'allumer quelques chandelles. Cela nous donnait une raison d'anticiper chaque semaine et contribuait à garder vivante notre histoire d'amour.

Habituellement, on vous conseillera d'attendre six semaines après l'accouchement avant d'avoir une relation sexuelle et vous devrez probablement changer de méthode de contraception parce que les contraceptifs oraux ne font pas bon ménage avec l'allaitement au sein.

Ce que le manque de relations sexuelles implique, c'est que l'un des contacts physiques majeurs de votre couple sera absent. Le sentiment d'intimité est probablement l'aspect le plus difficile et le plus important à maintenir dans le couple. Par conséquent, vous devrez compenser par beaucoup de câlins et de mots tendres afin que votre conjointe se sente aimée et appréciée. Cela peut sembler gros, mais les femmes diront que des « câlins fréquents » sont absolument vitaux pour préserver leur moral et vous découvrirez peut-être qu'il en va de même pour vous.

LA DÉPRESSION POSTNATALE

Le « baby blues » affecte environ la moitié des nouvelles mamans ; il se manifeste entre le troisième et le cinquième jour suivant l'accouchement et on pense qu'il serait lié à des changements dans les taux d'hormones, exacerbés par l'épuisement et le manque de sommeil. Une dépression plus grave afflige environ 10 % des mamans durant les six premiers mois. Cela peut avoir un effet très destructeur sur les relations familiales, surtout parce qu'il sera difficile pour le père de séparer les symptômes (voir l'encadré à la page 15) de ce à quoi il s'attend dans les circonstances ou parce qu'il aura simplement de la difficulté à comprendre la dépression. Si l'état de votre conjointe vous inquiète, parlez-en à un professionnel de la santé.

Voir votre conjointe sous un nouvel éclairage

Il ne fait pas de doute que vous avez déjà perçu de nouveaux aspects du caractère de votre conjointe par sa grossesse et la naissance de votre enfant. Elle peut être devenue une personne très différente à vos yeux, alors que vous avez observé son corps prendre une forme porteuse de bébé et que vous avez vu le courage avec lequel elle a affronté l'épreuve de l'accouchement. Vous devriez être extrêmement fier d'elle.

La plupart des changements physiques se résorberont mais, selon la nature de l'accouchement, elle ne sera plus jamais la même désormais d'une manière ou d'une autre. Mentalement, elle connaîtra un changement majeur alors qu'elle réévaluera son avenir à la lumière de la maternité, parce qu'on ne peut prédire comment on se sentira comme parent jusqu'à ce qu'on tienne son bébé dans ses bras.

D'un autre côté, ces changements pousseront certains hommes à voir leurs conjointes sous un éclairage plus cru. Certains auront le sentiment d'avoir perdu la personne qu'ils aimaient autrefois. Ils ne connaissaient pas leurs conjointes aussi bien qu'ils le pensaient et peut-être que, maintenant, ils en ont trop vu. Ils ont peut-être été débobinés par le changement d'allure de leur conjointe, son manque d'intérêt sexuel et les restrictions que la grossesse a imposé à leur mode de vie. Peut-être ne ressentent-ils plus d'attirance physique à cause de ce dont ils ont été témoins durant les mois menant à la naissance et à la salle d'accouchement. Maintenant qu'elle est absorbée par le bébé, la déception s'accroît encore plus.

Bon nombre de ces sentiments sont seulement temporaires et, si vous réagissez ainsi vous-même, gardez à l'esprit que les choses s'aplaniront d'elles-mêmes peu à peu à mesure que vous surmonterez le choc de la naissance et que la vie reviendra à la normale, ou presque. Néanmoins, si les problèmes persistent et que vous ne vous sentez pas apte à en discuter avec votre conjointe, demandez conseil à un ami proche, ou à un professionnel de la santé, qui pourra au moins vous aider à replacer les choses en perspective.

Qu'est-ce que cela signifie que d'être une maman ?

Les défis mentaux et physiques auxquels vous faites face tous deux durant les premiers mois comme parents peuvent fort bien masquer la mutation plus fondamentale qui s'opère chez votre conjointe. Que cela lui plaise ou non, elle connaît un changement majeur d'identité, surtout s'il est prévu qu'elle devienne une mère au foyer à temps plein.

Peu importe comment votre conjointe se percevait avant, son identité se limite maintenant à

LES MEILLEURS TRUCS

Le conjoint parfait

Si vous avez l'intention d'être un excellent conjoint, il y a certaines choses que les nouvelles mamans attendent assurément des nouveaux papas. Si vous pouvez soutenir la comparaison avec cette liste, vous êtes alors bien engagé dans la voie vers la perfection... jusqu'à ce qu'elle dresse sa prochaine liste.

- Changer les couches.
- Vous lever durant la nuit pour prendre soin de votre bébé.
- Partager également les tâches domestiques.
- Ranger la salle de bain après usage.
- Être à l'affût des articles essentiels qui s'épuisent et les remplacer.
- Cuisiner rapidement un délicieux repas et remettre de l'ordre ensuite.
- Passer autant de temps que possible à réconforter votre bébé en pleurs.
- Être sensible, compréhensif et tendre.
- Tenir pour acquis que vous devriez remplir ces tâches.

celle d'une « mère ». Vous avez toujours le rôle prestigieux du « nourricier », de même que la brillante identité du nouveau « père ». Si votre paternité est un échec, vous avez au moins votre travail pour renforcer votre estime de soi, et vice-versa. Par contre, une maman à temps plein qui a le sentiment d'échouer dans son rôle de mère n'a pas d'autre identité sur laquelle se rabattre. Quand les choses ne vont pas bien à la maison, elle ne peut pas simplement se mettre en route vers le bureau pour se sentir appréciée et accomplie. Vous devez donc être à l'affût de tels sentiments chez elle dans son rôle de mère, tout en lui allouant du même coup des occasions de s'échapper, de rencontrer des gens et de faire des choses pour elle-même.

Les mamans qui continuent de travailler à l'extérieur peuvent être aux prises avec des problèmes semblables lorsqu'elles tentent de conjuguer les besoins contradictoires de la maternité et du travail, se sentant coupables de ne pouvoir accorder toute leur attention à l'une ou à l'autre. D'autres se contenteront simplement de sortir de la maison, de passer du temps en compagnie d'adultes, puis de rentrer rafraîchies, même si organiser une telle double vie est souvent ardu et stressant.

Estimer votre conjointe

Un aspect important du soutien à votre conjointe réside dans le fait de verbaliser vos sentiments pour elle. L'aider de façon pratique, comme en faisant le lavage, est quelque chose qui devrait aller de soi donc n'attendez pas trop de reconnaissance à cet effet. Cependant, ce qu'elle a besoin de vous entendre dire, c'est combien elle s'acquitte merveilleusement bien de sa tâche, combien vous êtes fier de sa façon d'élever votre enfant et combien vous l'aimez. Les baisers et les câlins sont vitaux pour garder son moral. Bref, faites tout ce que vous pouvez afin qu'elle se sente estimée comme personne et non pas seulement comme une machine à prodiguer des soins au bébé. Cela peut sembler banal, mais si vous n'accordez pas d'attention aux petits détails de votre relation, vous vous dirigez vers des problèmes.

LES MEILLEURS TRUCS

Ce qu'il ne faut pas dire...

La question que vous ne devriez jamais poser à une nouvelle maman, c'est : « Quand retournes-tu travailler ? » Cela peut sembler une préoccupation assez innocente en soi, mais elle infère clairement qu'élever les générations futures – gratuitement – ne constitue pas un vrai travail. Si vous posez cette question à une maman à temps plein, il est hautement probable qu'elle sortira une hache du panier sous la poussette et qu'elle vous coupera les jambes à la hauteur des genoux. Votre tête se retrouvera alors à la hauteur parfaite pour le deuxième coup de hache qui la tranchera. Vous ne poserez plus jamais cette question. Avec raison.

UNE DÉPENSE NÉCESSAIRE

Que faites-vous quand vous rentrez à la maison après le travail et découvrez que votre conjointe porte un nouveau vêtement de plus ? Ne réalise-t-elle pas que le revenu familial est étriqué parce qu'il dépend d'une unique source ? C'est une situation difficile pour les papas, parce que cela semble si contraire au bon sens que d'acheter des vêtements quand l'argent est rare.

Toutefois, de nombreuses mamans estiment qu'elles ont sacrifié leur individualité en consacrant autant de temps à leurs enfants et à la famille. Les vêtements les font se sentir bien, stimulent leur confiance en elles et les aident à réaffirmer leur identité comme individu. Ainsi, tant qu'elle ne dépense pas des sommes insensées, la famille peut en retirer d'importants avantages. Voyez la chose comme une « dépense d'affaires » légitime dans son rôle de mère. Et assurez-vous de lui dire combien elle est belle !

3

Comment me lier à mon bébé?

Être proche et intime

Une des premières choses que vous verrez dans la salle d'accouchement une fois que votre conjointe aura donné la vie, c'est votre nouveau bébé qu'on posera sur la poitrine de sa mère pour un premier câlin. C'est un lien brut dans sa forme la plus primaire et la plupart des experts estiment que vous devez commencer à vous lier à votre bébé, physiquement et mentalement, aussitôt que possible après sa naissance.

Une attitude positive

Votre conjointe aura inévitablement une longueur d'avance pour établir un lien d'amour avec votre nouvel enfant – après tout, elle aura porté le bébé en elle pendant neuf mois. Cependant, toutes les nouvelles mamans ne ressentent pas cela immédiatement – et ce sera toujours plus difficile pour le père. Alors, ne soyez pas abattu si vous n'éprouvez pas un soudain élan d'amour pour votre bébé ; vous aurez amplement le temps de le connaître et de bien vous lier à lui. Durant les premières semaines en particulier, il sera peut-être difficile d'être près de votre bébé parce qu'il dépendra presque totalement de votre conjointe mais, chaque fois que vous le pourrez, saisissez les occasions pour vous rapprocher de lui. Assurez-vous de le prendre des bras de votre conjointe pour faire vous-même l'expérience du contact peau à peau – par exemple, faites-lui un câlin à poitrine nue avant de le rhabiller après l'avoir changé de couche.

Ce qui importe pour vous, et cela vaut pour l'ensemble de l'expérience avec le bébé, c'est d'aborder le défi avec une attitude positive. Faites cela et le lien s'ensuivra.

La communication

On oublie parfois que la communication implique beaucoup plus que de parler. En fait, on estime que

Le contact peau à peau n'est pas exclusif aux mamans. Profitez de l'occasion pour être très près de votre bébé après son bain ou après l'avoir changé de couche.

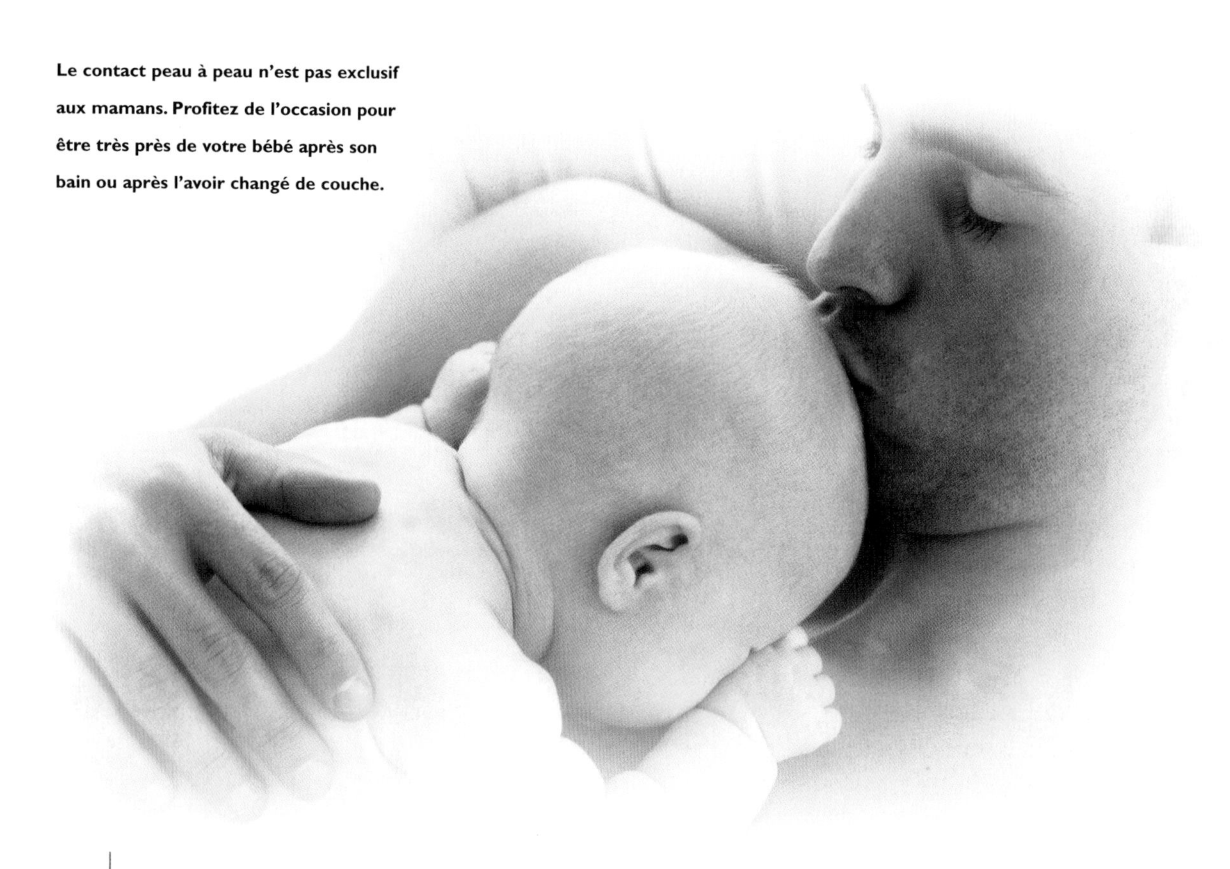

la parole compte seulement pour le tiers de la communication entre humains – le reste est du langage corporel ou non verbal. Votre bébé ne peut parler mais, à peine une heure après sa naissance, il peut communiquer avec vous et avec sa mère. Faites-lui des grimaces et tirez la langue, car il y a de bonnes chances qu'il vous imite.

Du même coup, comme parler est vital pour son développement, bavardez avec lui le plus possible, même si vous savez qu'il n'y comprend rien encore. Aidez-le aussi à vous visualiser ensemble en le tenant devant un miroir. Il sera fasciné par l'image et vous découvrirez aussi combien cela renforce vos sentiments à son égard.

Comme dans toute nouvelle relation, plus vous interagissez, plus vous serez à l'aise l'un avec l'autre, mieux vous comprendrez vos besoins mutuels et plus vite naîtra une affection réciproque.

COUCOU!

Le jeu est tout aussi amusant pour le parent que pour le bébé. Exagérez vos expressions faciales et vocales quand vous couvrez et découvrez votre visage devant votre bébé. Même si vous avez «disparu» à peine un instant, votre bébé sera content de vous redécouvrir.

Le contact physique

Plus vite votre bébé vous connaîtra, vous et votre odeur, plus vite il se sentira réconforté en votre présence, quand il entendra votre voix ou que vous le prendrez. Donnez-lui beaucoup de baisers et de câlins, caressant et massant sa peau dès que vous en aurez l'occasion. Laissez-le s'endormir sur vous, assoyez-le à côté de vous en passant votre bras autour de lui et, de façon générale, faites-lui sentir qu'il est votre meilleur ami.

Partager les soins

Alors qu'il existe beaucoup de choses spécifiques que vous pouvez faire pour faciliter la création de liens, comme jouer et masser votre bébé, vous pouvez tirer aussi le maximum des routines quotidiennes. Il est important que, dans le

PARLONS DE... LA QUESTION DU PARTAGE DES SOINS

Certaines nouvelles mamans trouvent difficile de partager les soins au bébé. Elles peuvent s'estimer mieux qualifiées pour prendre soin du bébé, «mieux» étant l'unique seuil acceptable. Si votre conjointe semble peu disposée à partager l'alimentation, l'habillement et le bain, vous devez lui expliquer que sa santé, tant mentale que physique, en souffrira à moins de prendre une pause – et que ce n'est pas bon pour le bébé. Dites-lui que vous avez besoin de prendre un peu de bon temps avec votre bébé à intervalles réguliers. Si votre conjointe estime que vos habiletés ne sont pas à la hauteur, dites-lui que vous pouvez seulement les améliorer en mettant la main à la pâte. Pour créer un esprit d'équipe, assurez-vous de demander à votre conjointe de vous montrer exactement comment elle fait chaque chose et, par la suite, demandez-lui son appréciation.

LE MASSAGE DU BÉBÉ

Les pères ne font pas l'expérience de neuf mois de promiscuité physique que les mamans partagent avec leurs bébés durant la grossesse. Certaines mères disent «savoir» le moment exact de la conception; d'autres disent sentir le bébé «flotter» durant les premières semaines. Plus tard, bien sûr, votre conjointe et vous sentirez de plus en plus les mouvements du bébé et avec plus d'intensité lorsqu'il se tournera et appuiera contre la paroi de l'utérus – quoique, pour vous, ce sera toujours de l'extérieur!

Le premier contact direct d'un papa avec son bébé se produit habituellement à la naissance, quand on vous tend votre bébé. Toucher et tenir une si minuscule personne peut être intimidant et il importe pour vous comme pour le bébé d'avoir de multiples occasions d'être en contact.

Les pères bénéficient du temps passé en présence de leurs bébés et le massage peut vous aider à développer vos manières de le tenir et de le manipuler. La routine de massage qui suit favorise le lien de confiance entre vous et votre bébé, et accroît l'assurance dans votre capacité à le changer et à le baigner, et dans votre participation plus active aux responsabilités quotidiennes des soins. Le massage contribuera aussi à renforcer la relation physique et émotive entre vous.

En apprenant comment mieux manipuler votre enfant, vous serez plus à même de calmer et de réconforter votre bébé lorsque votre conjointe aura besoin de prendre une pause. Vous pouvez adapter les mouvements à toute occasion où vous vous retrouvez assis avec votre bébé. Caressez son dos, son cou et ses épaules alors qu'il est assis sur vos genoux.

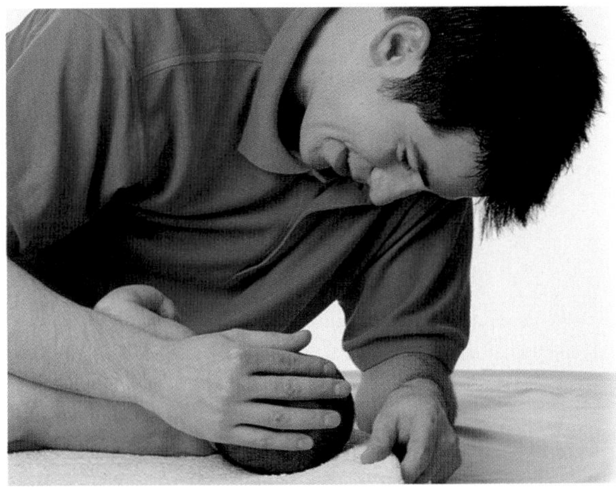

1 Couchez-vous sur le côté avec le bébé qui vous fait face, étendu aussi sur le côté. En utilisant le poids détendu de toute votre main droite, commencez à caresser le haut de son dos en un mouvement circulaire.
2 Étendez ce mouvement le long de la colonne vertébrale du bébé avec douceur, pour inclure le bas de son dos.
3 Avec la paume, caressez doucement le sommet de la tête de votre bébé en un lent mouvement circulaire.

- Répétez jusqu'à ce que votre bébé soit détendu et confortable.

LES MEILLEURS TRUCS

Donnez un jour de congé à votre conjointe

Vous pouvez vous pratiquer à prendre soin du bébé pendant des périodes de plus en plus longues au cours de la journée, accumulant un temps égal à celui que votre conjointe partagerait d'ordinaire avec le bébé si vous étiez au travail. Ensuite, donnez-lui un jour de congé et, idéalement, insérez-vous dans sa routine comme si vous aviez été appelé pour la remplacer de façon temporaire. Vous verrez votre enfant d'un tout autre œil, l'observant en tête-à-tête pendant une longue période, à l'affût de ses changements d'humeur et du déroulement de son mode de vie quotidien – bref, une expérience d'intimité sans égale.

Et vous éprouverez aussi, de l'intérieur, la pression que subit votre conjointe chaque jour. Toutefois, peu importe ce que vous ferez, ne voyez pas cela comme une compétition. Votre conjointe appréciera certainement votre effort pour mieux comprendre sa vie. Alors, assurez-vous de reconnaître combien son travail est ardu et que vous ne pourriez pas en faire autant chaque jour, à moins, bien sûr, que vous vous perceviez vraiment comment un mari à la maison.

soutien à votre conjointe, vous fassiez le plus possible votre part des tâches domestiques. Dans ce cas, pourquoi ne pas ajouter une touche de bonheur aux tâches domestiques en y joignant votre bébé? Installez-le dans un porte-bébé et bavardez avec lui en passant l'aspirateur ou en faisant le lavage. Cela donne aussi un répit à votre conjointe dans les soins qu'elle donne au bébé et lui permet de se consacrer à d'autres tâches, de prendre du temps pour elle-même ou de récupérer un peu de sommeil.

En tout cas, les soins quotidiens de votre bébé sont une partie de la vie au foyer à laquelle vous pouvez apporter une importante contribution, ce qui améliorera vos rapports avec votre enfant et votre conjointe. Il n'y a aucune raison qui vous empêche d'assumer n'importe quelle des tâches dont votre conjointe s'occupe durant la journée, à l'exception bien sûr de l'allaitement au sein. Et les chapitres suivants vous guideront à travers toutes les tâches essentielles, étape par étape, en soulignant comment tirer le maximum des occasions de vous lier au bébé. Souvent, ces moments de la vie quotidienne de votre bébé, quelconques en apparence, peuvent s'avérer de surprenantes occasions d'intimité et, ainsi, changer sa couche peut devenir une expérience très enrichissante !

De même, la routine entourant la mise au lit de votre bébé le soir est un moment spécial pour vous deux, un moment dans lequel tous les papas devraient s'impliquer le plus possible. Vous pouvez faire un pas de plus en vous donnant pour but de prendre soin du bébé le soir, graduellement et de plus en plus, alors qu'il deviendra plus indépendant et que votre conjointe sera en mesure de prendre un peu ses distances. Éventuellement, vous vous retrouverez en première ligne, voyant aux besoins du bébé pendant la nuit, développant un solide lien père-enfant et ôtant un poids énorme des épaules de votre conjointe, ce qui vous vaudra son éternelle reconnaissance.

Transporter votre bébé avec vous lui donne la proximité et la sécurité personnelle dont il a besoin, et beaucoup de stimulations appropriées qui l'empêcheront de s'ennuyer. N'oubliez pas que le porte-bébé s'utilise aussi à l'intérieur ; c'est un excellent moyen pour garder votre bébé tout près de vous alors que vous vous occupez des tâches domestiques.

PARLONS DE... | LA QUESTION DES TÂCHES DOMESTIQUES

La responsabilité des tâches domestiques est un sujet fréquent de discorde. Cela peut sembler difficile à avaler mais, en regardant les choses objectivement, il ne peut tout simplement pas y avoir, d'un côté, vous qui sortez pour gagner un revenu et d'un autre, votre conjointe qui reste à la maison et se charge de tout le travail domestique. Prendre soin du bébé est un travail à plein temps en soi, ce qui implique que le magasinage, la cuisine, l'entretien de la maison, le lavage et le repassage, par exemple, devraient être perçus comme des tâches à partager entre vous. Sinon, vous êtes sur la voie d'une sérieuse confrontation alors que votre conjointe deviendra de plus en plus épuisée et pleine de ressentiment.

Payez selon vos moyens pour louer les services de quelqu'un qui donnera un coup de main à la maison. Même une femme de ménage qui viendrait quelques heures chaque semaine signifierait que la cuisine et la salle de bain ont été nettoyées adéquatement, ce qui vous permettra de vous consacrer aux tâches quotidiennes, comme laver la vaisselle. Ce sera de l'argent bien dépensé.

4

Que puis-je faire pour mon bébé?

Tenir et manipuler votre bébé

Une des questions les plus fréquentes que vous vous poserez durant les premières semaines sera : « Que puis-je faire ? » Peut-être devriez-vous dire plutôt : « Que puis-je faire pour mon bébé ? » Votre conjointe a besoin d'autant d'aide et de support que possible, c'est certain, mais votre rôle ne se borne pas à garder la maison propre et cuisiner un repas de temps à autre. Vous avez besoin d'autant de contacts physiques que possible avec votre bébé pour bâtir et maintenir un lien.

Cependant, il peut être difficile au début d'avoir le tour de tenir et manipuler votre bébé, surtout quand cela semble si naturel pour sa mère. Ce chapitre enseigne les techniques de base pour tenir et manipuler votre bébé, afin que vous soyez sûr de le faire correctement. Ensuite, vous pourrez vraiment avoir du plaisir à tenir votre enfant près de vous et vous gagnerez en assurance chaque fois que vous le prendrez.

Prendre votre bébé

Le premier point important est de vous assurer que vous êtes dans une position correcte quand vous prenez votre bébé. Il peut paraître incroyablement petit et léger en ce moment mais, si vous prenez l'habitude de le prendre correctement dès le début, vous le ferez instinctivement quand il aura pris assez de poids pour que vous le ressentiez vraiment dans le bas du dos.

SOULEVER VOTRE BÉBÉ

1 Assurez-vous de toujours supporter le cou et le derrière de votre bébé quand vous le déplacez. Approchez votre visage de celui de votre bébé et réveillez-le doucement s'il dort. Glissez une main sous son cou, en supportant sa tête, et une main sous son derrière. Parler doucement à votre enfant en le prenant aidera à le garder calme.

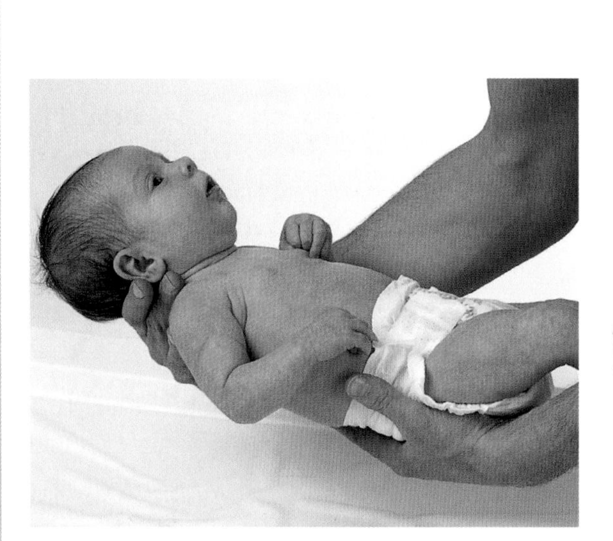

2 Prenez le poids de votre bébé dans vos mains et regardez-le dans les yeux pendant que vous le soulevez. Gardez sa tête légèrement au-dessus du reste de son corps.

La pire chose que vous puissiez faire à votre colonne vertébrale est la tordre et l'étirer en même temps ; essayez donc de toujours vous placer en ligne avec votre bébé, ses pieds pointant vers vous et vos jambes légèrement écartées. Gardez votre dos aussi droit que possible, mais pliez les genoux afin que vos hanches prennent la tension plutôt que votre colonne vertébrale. Garder votre bébé près de vous en vous redressant réduira la tension sur votre dos et le rassurera.

Il est beaucoup plus facile de soulever un bébé couché le visage vers le haut – la position recommandée à tout moment (voir à la page 66) – plutôt que le visage vers le bas. Mais si votre bébé est

LES RÈGLES DE MANIPULATION DU BÉBÉ

- Supportez toujours la tête et le cou de votre bébé.
- Supportez toujours la colonne vertébrale de votre bébé.
- Gardez la tête de votre bébé alignée avec le reste de son corps.
- Gardez votre bébé tout près de vous et parlez-lui tout en le caressant.
- Pliez les genoux quand vous soulevez votre bébé.

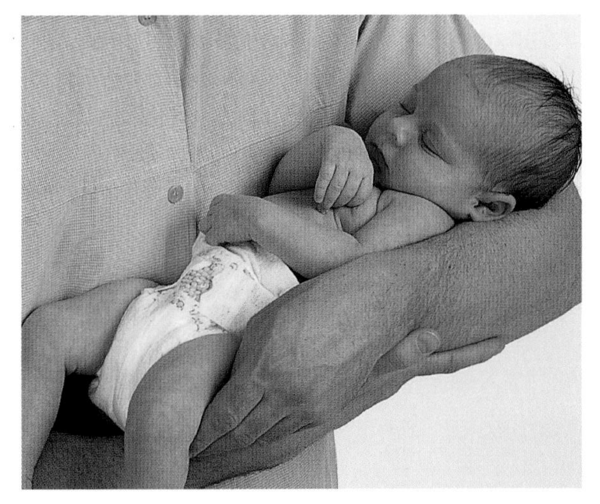

3 En le rapprochant de votre poitrine, déplacez la main qui soutient son derrière au haut de son dos afin qu'elle supporte aussi sa tête. Ensuite, pliez votre autre bras sur votre poitrine afin que sa tête repose dans le creux de votre bras, avec vos deux poignets s'entrecroisant l'un l'autre près du milieu de son dos, et que son derrière repose sur votre avant-bras.

DÉPOSER VOTRE BÉBÉ

1 De la position couchée, écartez délicatement vos bras afin qu'une main soutienne la tête et le cou de votre bébé tandis que l'autre soutient son derrière. Lentement, éloignez-le de vous et au-dessus d'une surface matelassée.

2 Tournez le corps de votre bébé afin qu'il soit en ligne avec le vôtre. Inclinez-vous près de la table à langer ou du matelas et descendez-le lentement vers la surface en déposant son derrière en premier.

3 Une fois qu'il a pris contact avec la surface, dégagez délicatement la main qui supporte son derrière, puis déposez le haut de son corps et sa tête. Soutenez bien sa tête jusqu'à ce qu'elle repose confortablement sur la surface, puis retirez délicatement votre main.

couché sur le ventre, roulez-le délicatement dans une position plus facile pour vous, avant de le soulever.

Déposer votre bébé

Après avoir pris votre bébé, vous aurez à le déposer tôt ou tard. Ce n'est pas une éventualité susceptible de plaire à votre bébé qui veut naturellement rester au chaud et près de vous autant que possible. Préparez-le donc gentiment en lui parlant doucement et en le caressant pour le rassurer.

Déposer un bébé peut être aussi risqué que de le prendre. La clé, c'est d'éviter de le placer sur quoi que ce soit d'autre qu'une surface moelleuse (mais non étouffante) et sécuritaire, de laquelle il ne peut rouler ou glisser. Autant protège-t-elle le bébé en le déposant, cette approche signifie aussi que, s'il vous glisse des mains pendant que vous le déposez, au moins aura-t-il un atterrissage en douceur. Alors que votre bébé deviendra plus fort, vous pourrez vous rendre compte que vous relâchez votre prise en approchant de la surface et qu'il roulera de vos mains, surtout s'il est contrarié à l'idée d'être déposé.

Comme pour le soulever, il est important de minimiser la tension dans votre dos lorsque vous déposez votre bébé. Rappelez-vous de garder les pieds écartés, de plier les genoux et de le tenir près de votre poitrine quand vous le déposez sur une surface moelleuse.

TENIR UN BÉBÉ PLUS JEUNE

Appuyer votre bébé contre votre épaule est la façon la plus évidente et la plus confortable de le tenir votre bébé. Comme pour le soulever, vous devez soutenir son derrière et son cou, chacun avec une main. Votre bébé se niche étroitement dans la forme de votre corps, protégé des chocs et des coups pendant que vous vous déplacez. Cette position est particulièrement réconfortante pour le bébé parce qu'il peut entendre les battements de votre cœur.

Tenir un bébé dans vos bras le visage vers le bas peut procurer un repos bienvenu à des bras fatigués et un changement de perspective pour votre bébé. Cela peut aussi être bon pour les coliques. Soutenez sa tête dans le creux de votre coude tout en supportant le reste de son corps avec votre avant-bras. Votre autre bras se glisse entre ses jambes pendant que votre main repose sur son estomac.

Tenir votre bébé

Comme c'est une chose qui occupera une bonne partie de votre temps, surtout pendant la première année de la vie de votre bébé, il est important d'en retenir l'essentiel vite et bien. Il n'y a qu'une poignée de techniques reconnues sur la façon de tenir un enfant en sûreté dans vos bras – selon son âge –. Aussi est-il avisé de s'en tenir à elles.

Sans aucun doute, vous vous sentirez nerveux au début, mais tenir votre enfant deviendra rapidement une seconde nature. D'un autre côté, c'est à ce moment que vous pourriez éprouver quelques problèmes. Il est facile de devenir trop sûr de soi et de commencer à faire des choses, tout en transportant votre bébé, que vous n'auriez jamais fait pendant vos premières semaines de nervosité, surtout si vous êtes pressé et que vous jonglez avec plusieurs tâches. Par exemple, vous pourriez ramasser une bouilloire ou une casserole bouillante, vous étirez pour atteindre quelque chose ou, même, parlez au téléphone – des situations qui vous mettent dans une position où votre esprit n'est pas totalement centré sur votre bébé.

Il est particulièrement important d'être attentif à la position de la tête de votre bébé en relation avec votre propre corps. Quand vous marchez en transportant votre bébé dans vos bras, prenez soin de garder sa tête blottie contre votre corps ou, du moins, gardez une main à l'arrière de sa tête. Il est très facile d'oublier qu'il y a un bout supplémentaire d'humanité qui dépasse lorsque vous vous déplacez dans les corridors, les portes et près d'autres objets domestiques à la hauteur de votre bébé, lesquels pourraient lui infliger un méchant coup à la tête. En outre, alors que votre façon de le tenir vous paraît sûre, qu'arriverait-il si vous trébuchiez ou si quelqu'un vous heurtait?

Votre bébé n'a aucune idée du danger d'une chute et, en prenant de la force, il se débattra pour échapper à votre prise. Quelquefois, il se balancera littéralement vers l'arrière et aboutira sur le plancher si vous n'êtes pas prêt à réagir. Donc, prenez soin de garder une main ou un bras dans son dos, surtout quand vous êtes dans un escalier.

TENIR UN BÉBÉ PLUS VIEUX

Regarder vers l'avant – Quand votre bébé est capable de se tenir, cela lui donne plus de liberté pour se déplacer et regarder tout autour. Soutenez votre bébé avec son dos contre votre poitrine, un bras sous son bras et votre main en travers de sa poitrine. Votre autre main soutient son derrière.

Sur votre hanche – Il s'assoit sur votre hanche, ses jambes enroulées autour de chaque côté de votre corps. Servez-vous d'un bras pour supporter son derrière alors que votre main libre procure un support additionnel à son dos.

Laver et baigner votre bébé

Aider à garder votre bébé propre est une bonne façon de vous impliquer dans les soins à lui donner. Le laver et le baigner peuvent être des tâches intimes que votre bébé appréciera de plus en plus au cours des premiers mois. Ce sera aussi très gratifiant pour vous, et il se pourrait que votre conjointe hésite à vous confier cette tâche !

Le bain peut sembler intimidant au début. Manifestement, il y a beaucoup de potentiel pour que les choses aillent mal quand vous ajoutez une grande quantité d'eau au scénario qui inclut le déshabillage, le changement de couche et l'habillage. Cependant, vous découvrirez vite que remplir une baignoire de bébé et s'en servir est une opération étonnamment rapide. En fait, vous n'avez même pas besoin de vous servir d'une baignoire si votre bébé peut s'asseoir seul.

Laver votre nouveau-né

Votre nouveau bébé passe la plus grande partie de la journée à l'abri de l'environnement sous des épaisseurs de camisoles, de dormeuses et de couvertures ; il n'a donc pas beaucoup de chance de se salir. Sauf la région de la couche, il n'a besoin que d'un lavage rapide des parties les plus exposées de son corps, en d'autres mots, le visage, le cou, les mains et les pieds.

Comme d'habitude, il est préférable de disposer à portée de la main tout ce dont vous aurez besoin à l'endroit où vous laverez votre bébé – idéalement une pièce chaude où vous pourrez vous déplacer à

LA ROUTINE DE LAVAGE

Les yeux et les oreilles – Mouillez quelques boules d'ouate avec de l'eau bouillie refroidie et essuyez le dessus et le dessous de chaque œil, du coin interne vers le coin externe. Utilisez des boules d'ouate différentes pour chaque essuyage et pour chaque œil afin de réduire les chances de répandre une infection. Servez-vous de boules d'ouate pour laver autour et derrière les oreilles. Ne lavez pas l'intérieur des oreilles qui est protégé par une muqueuse autonettoyante.

Le cou – C'est une région difficile à laver à moins que vous ne puissiez distraire votre bébé afin qu'il regarde ailleurs et qu'il n'expose par inadvertance l'avant de son cou. Lavez en essuyant avec des boules d'ouate mouillées et séchez en tapotant avec une serviette douce afin d'éviter le développement de mycose.

Les mains – Ouvrez les mains de votre bébé pour vérifier s'il y a de la saleté entre ses doigts et sous ses ongles. Lavez et tapotez pour assécher comme précédemment.

Les pieds – Lavez maintenant le dessus et le dessous des pieds de votre bébé, et entre ses orteils, en les écartant délicatement où cela est nécessaire. Asséchez en tapotant avec une serviette.

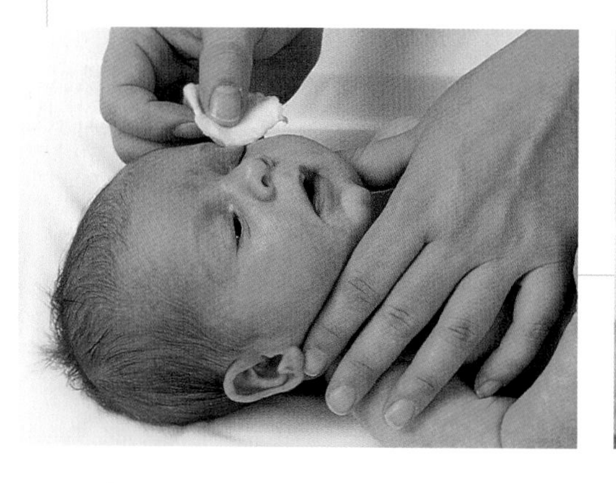

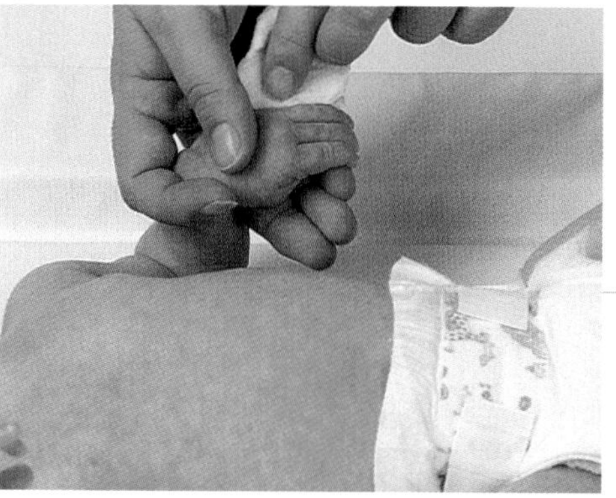

l'aise. Vous avez besoin d'un bol d'eau bouillie refroidie, de boules d'ouate et d'une serviette ou d'un tissu de coton, sans oublier un bol pour déposer les boules d'ouate souillées.

Une façon sécuritaire et pratique consiste à mettre sur le plancher un matelas à langer recouvert d'une serviette sur laquelle vous déposez votre bébé. Un avantage supplémentaire vient de ce que votre bébé s'assèche pratiquement lui-même et que vous n'avez qu'à l'envelopper dans la serviette quand le lavage est terminé.

Le secret pour donner à votre bébé un lavage approprié est d'entrer dans les nombreux plis de la peau où la saleté et la transpiration sont facilement emprisonnées, provoquant des irritations. Le cou est un de ces endroits, particulièrement sous le menton, qui souffre ordinairement d'une affection appelée mycose – littéralement, la croissance de ce qui ressemblerait à de la moisissure dans les replis de la peau.

Comment baigner votre bébé

La façon la plus facile de baigner votre bébé est dans une baignoire de plastique spécialement conçue à cet usage. Choisissez une pièce chaude, peut-être même la salle de bain, et mettez le bain sur le plancher, idéalement sur une surface imperméable, telle une feuille de plastique. Placez ses vêtements propres et sa couche pour qu'ils soient faciles à atteindre, mais pas trop près afin qu'ils ne soient pas aspergés d'eau.

L'estomac et les jambes – Un bébé qui gigote peut rendre difficile l'accès à ces régions. Lavez son ventre avec d'autres boules d'ouate mouillées, puis servez-vous de nouvelles boules d'ouate pour commencer dans les plis où les jambes rencontrent le torse. Lavez vers le bas le long des plis en vous éloignant du corps afin de ne pas transmettre d'infections à la région génitale (cela est particulièrement important pour une fille). Asséchez en tapotant avec une serviette ou un chiffon doux en vous assurant qu'aucune humidité n'est emprisonnée dans les plis.

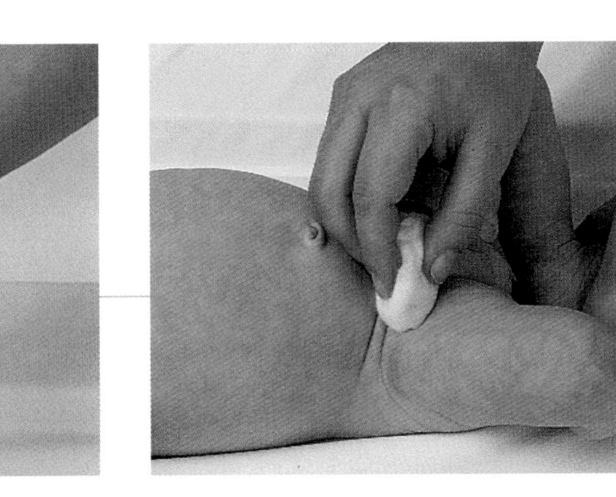

Laver une fille – Soulevez son derrière légèrement en levant ses deux chevilles doucement d'une main. En vous servant d'une boule d'ouate propre, lavez les lèvres extérieures de sa vulve – mais ne lavez pas l'intérieur. Lavez toujours vers le bas. Puis, en gardant son derrière soulevé, lavez ses fesses en vous servant de boules d'ouate propres. Lavez l'arrière des cuisses et jusqu'à son dos, si nécessaire. Asséchez toute la région parfaitement.

Laver un garçon – En vous servant de boules d'ouate propres, lavez son pénis en un mouvement vers le bas – ne tirez pas le prépuce vers l'arrière. Lavez autour de ses testicules également. En tenant les chevilles de votre bébé, soulevez délicatement son derrière et lavez la région anale et l'arrière de ses cuisses. Asséchez parfaitement toute la région en tapotant.

LA ROUTINE DU BAIN

Déposer votre bébé dans l'eau – Agenouillez-vous près du bain, votre bébé couché dans vos bras. Soutenez son derrière d'une main et sa tête et ses épaules de l'autre. Descendez-le dans l'eau en mettant son derrière d'abord.

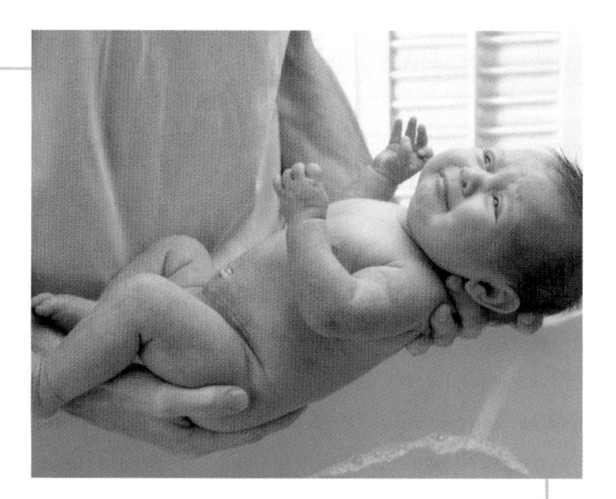

Laver sa poitrine et son estomac – Soutenez toujours la tête et les épaules de votre bébé pendant qu'il est dans le bain, en le tenant délicatement sous le bras pour éviter qu'il ne glisse dans l'eau ou ne roule sur lui-même. Avec votre bras derrière lui, lavez sa poitrine et son estomac.

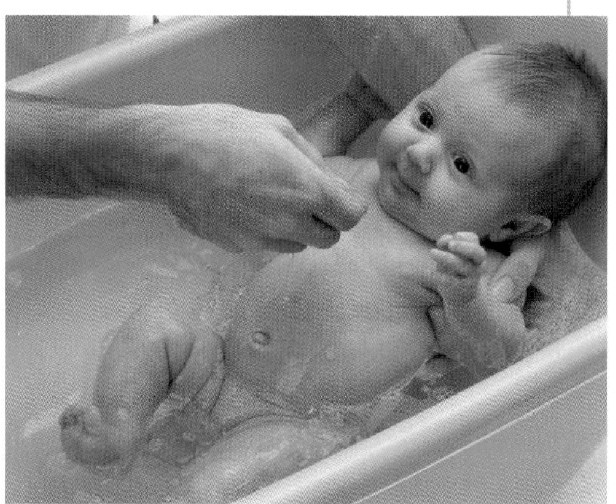

Laver son cou et son dos – Ensuite, assoyez-le en le soutenant du devant. Lavez l'arrière de son cou et le haut de son dos.

Rincer le bas de son dos – Inclinez-le un peu plus, en prenant soin de garder son visage hors de l'eau, et rincez le bas de son dos et son derrière.

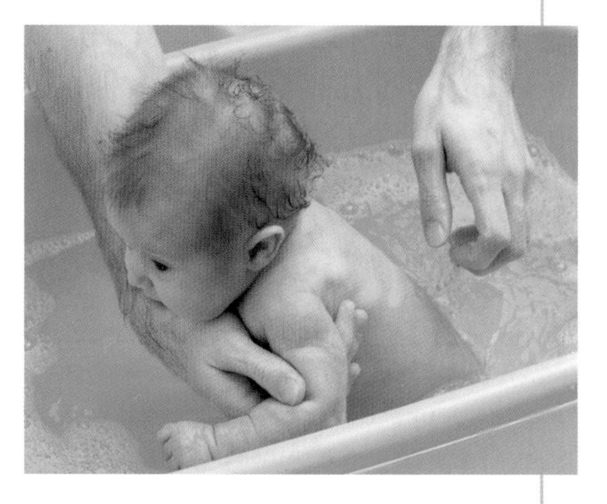

Le sortir de l'eau – Remettez-le dans la position de départ et, en utilisant la même prise utilisée pour le déposer dans l'eau, sortez-le, en soutenant sa tête, ses épaules et son derrière.

Le sécher – Placez-le sur une serviette étendue sur un matelas à langer et enveloppez-le pour le garder au chaud, mais évitez de couvrir son visage. Asséchez-le en tapotant.

LAVER LES CHEVEUX DE VOTRE BÉBÉ

Même si les cheveux de nombreux bébés n'auront besoin que d'un rinçage quand ils sont dans la baignoire, vous pourriez estimer que les boucles de votre bébé ont vraiment besoin d'un bon lavage. La façon la plus simple de le faire est de le coucher le long de votre bras, enveloppé dans une serviette, au-dessus d'une baignoire pour bébé remplie d'eau chaude. Rincez ses cheveux avec votre main libre. Asséchez en tapotant avec une serviette.

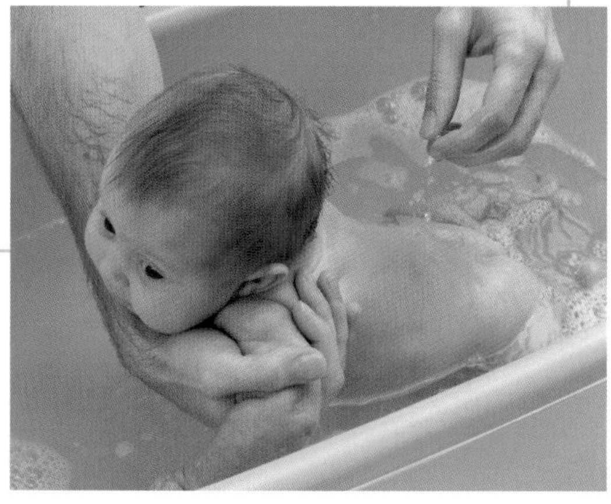

Si vous devez vous servir d'une baignoire d'adulte, il y a des accessoires disponibles dans lesquels coucher ou asseoir votre bébé en sécurité – même un lit gonflable et flottant –, mais les baignoires de bébé vous permettent d'atteindre votre bébé confortablement en position agenouillée plutôt que d'avoir à vous étirer au-dessus des bords élevés d'une baignoire, lequel constitue aussi un environnement plus à risque et plus impitoyable pour le bébé.

N'exagérez pas la quantité d'eau dans la baignoire – jamais plus de cinq à sept centimètres ou au-dessus de la taille du bébé quand il peut s'asseoir. Comme les bébés peuvent se noyer dans une très petite quantité d'eau, ne le laissez donc jamais sans surveillance.

Utilisez un thermomètre pour vérifier que la température de l'eau est environ à la température du corps – 37° C (98,6° F). Avec l'expérience, vous pourrez estimer la température de l'eau en utilisant votre coude, mais il est toujours plus sûr de se servir d'un thermomètre. Vérifiez régulièrement la température de l'eau parce qu'elle peut se refroidir vite.

Évitez les savons parfumés et les bains moussants. Il n'y a vraiment aucun besoin d'utiliser autre chose que de l'eau, sans quoi vous augmentez seulement les risques d'irriter la peau très sensible de votre bébé. Faites d'abord couler de l'eau froide dans la baignoire, puis de l'eau chaude, pour éliminer tout risque de brûlure.

Si vous voulez rincer les cheveux de votre bébé, il est probablement préférable de le faire juste avant que vous ne le mettiez dans la baignoire. Tenez-le le long de votre bras avec la tête au-dessus du bain et versez de l'eau sur ses cheveux avec votre autre main en coupe. Essayez d'éviter que l'eau ne ruisselle sur son visage et dans ses yeux. Avant un an, votre bébé n'a pas besoin de shampoing. Quand il est plus âgé, ajoutez une petite quantité de shampoing doux pour bébés dans un peu d'eau du bain et frottez-le doucement.

Quand il est dans la baignoire, il y a une routine simple de lavage à suivre (voir à gauche). Tout le temps, essayez de parler et de chanter pour votre bébé afin de le garder calme. Ensuite, sortez-le de la baignoire et placez-le sur une serviette étendue sur un matelas à langer, ce qui procure une surface douce, sécuritaire et imperméable pour le sécher.

Prendre soin des dents de votre bébé

Les bébés commencent à avoir des dents vers l'âge de six mois, mais certains peuvent commencer aussi tôt que trois mois ou aussi tard que 12 mois.

Votre bébé aura, éventuellement, percé 20 dents vers l'âge de deux ans et demi. Ces dents de lait blanches sont très importantes, non seulement parce qu'elles lui permettent de manger, mais aussi pour la façon dont elles l'aident à parler et parce qu'elles préparent la voie à son deuxième ensemble de dents, les permanentes. La première série commencera à tomber vers l'âge de six ans et sera remplacée par 32 dents plus résistantes qui dureront, espérons-le, jusqu'à la fin de sa vie.

Garder ses dents propres est évidemment une opération importante et il est préférable de développer l'habitude tôt – un bon travail pour papa. Il est aussi crucial de limiter la quantité d'aliments sucrés que votre bébé mange, spécialement les breuvages qu'il tétera pendant un bon moment. Les jus de fruits acides peuvent causer des cratères à la surface des dents de votre bébé et le jus de pomme en est le principal responsable. Donc, diluez toujours ces breuvages afin qu'ils ressemblent plus à de l'eau aromatisée. Les fruits et les légumes crus sont excellents pour les dents des enfants parce qu'ils sont naturellement sucrés et parce qu'y mordre aide à nettoyer et à renforcer les dents.

LE SOIN DES DENTS

Nettoyer une ou deux dents avec un tissu – Nettoyez délicatement les premières dents et les gencives de votre bébé avec un morceau de gaze pour enlever la plaque, l'acide et les bactéries causant la carie dentaire. Vous pouvez aussi utiliser des cotons-tiges.

Brosser les dents le jour et le soir – Assoyez votre bébé sur vous et brossez avec soin ses dents et ses gencives. Soyez particulièrement attentif quand vous brossez les dents du fond pour ne pas lui faire lever le cœur ou toucher une partie sensible de la gorge avec la brosse.

Changer les couches

Si vous voulez vraiment prendre une part active aux soins de votre enfant, changer les couches est une excellente occasion, à proprement parler, de vous salir les mains. Une des meilleures choses que cela vous apporte est un précieux tête-à-tête avec votre enfant. Exécutée de la bonne manière, cette tâche calomniée et essentielle s'avère une expérience qui crée de vrais liens.

Couche en tissu ou couche jetable?

De loin, les couches jetables sont le choix le plus populaire; elles sont très absorbantes, rapides et faciles d'usage, offertes en un large éventail de styles et de grandeurs et, bien sûr, elles peuvent être jetées simplement dans la poubelle après usage.

Une solution de rechange: essayez les couches de tissu réutilisables qui, maintenant, sont offertes dans un large éventail de styles, avec des attaches à boutons-pression ou Velcro[MD]. Elles coûtent plus cher au départ, mais devraient permettre des économies à long terme si vous continuez de réutiliser ces couches – spécialement si vous planifiez avoir d'autres enfants.

En termes pratiques, les couches de tissu devront être habituellement changées plus régulièrement parce qu'elles ne sont pas aussi absorbantes que les couches jetables, mais des changements réguliers signifient que votre bébé souffrira vraisemblablement moins d'éruptions attribuables aux couches. En moyenne, pendant ses deux premières années et demie de vie, un bébé utilisera quatre à six couches jetables ou 6 à 12 couches en tissu par jour. Vous pouvez acheter des doublures en papier pour minimiser les taches sur le tissu des couches, mais on ne peut pas nier que c'est une sale affaire et que garder des couches souillées dans un seau rempli de solution jusqu'à ce qu'elles puissent être lavées soit risqué. Pour éviter l'essentiel de cet aspect déplaisant, utilisez un service de lavage hebdomadaire qui ramasse vos couches sales et laisse un approvisionnement propre en échange. Vous pourriez utiliser des couches de tissu le jour ou à la maison et des couches jetables la nuit ou quand vous sortez.

Les endroits où changer la couche du bébé

Pour un jeune bébé, l'amener dans un endroit tranquille et chaud telles une chambre d'enfant ou une salle de bain est la meilleure façon de le garder détendu et de tirer tous les deux le meilleur de l'occasion. Le lieu le plus sécuritaire pour l'opération est un matelas à langer doublé d'éponge, posé sur le plancher pour éviter tout danger que le bébé ne roule d'une surface élevée; cependant, un jeune bébé (qui n'a pas encore appris à rouler) peut être changé sur une surface à la hauteur de la taille. Ensuite, la règle d'or est d'avoir une abondance de tout ce dont vous aurez besoin – des boules d'ouate et de l'eau tiède ou des lingettes non parfumées et, si vous utilisez des couches jetables, des sacs spéciaux parfumés pour les couches sales – à portée de la main et prêts à l'usage. Les évènements se précipitent très vite une fois que la couche est enlevée!

Le récit de Jérôme

La dernière chose que j'aurais imaginée était de prendre plaisir à changer la couche. Mais c'était une des rares chances pour moi de me retrouver seul avec mon fils – un moment intime. Il était habituellement tout sourire, gloussant et appréciant l'attention supplémentaire. Je sentais aussi que je contribuais activement à son bien-être; pires étaient ses couches, plus grande était la satisfaction une fois le travail fait. Je me sentais bien d'y voir, surtout quand nous étions avec d'autres personnes et que je me retirais avec lui pour le changer. Un des moments dont j'étais le plus fier était de l'avoir changé tard la nuit sans l'éveiller, quand ma conjointe et moi avions désespérément besoin de sommeil.

LA ROUTINE DU CHANGEMENT DE COUCHE*

Assurez-vous d'avoir tout ce dont vous avez besoin, ouvert et prêt à servir, dans un endroit tranquille. N'oubliez pas de garder quelques petits jouets à proximité pour distraire le bébé pendant les dernières secondes du travail. Tout le temps que vous changez la couche, parlez et chantez pour votre bébé, gardant le contact visuel autant que possible, frottant et chatouillant ses bras, ses jambes et ses pieds en un massage agréable.

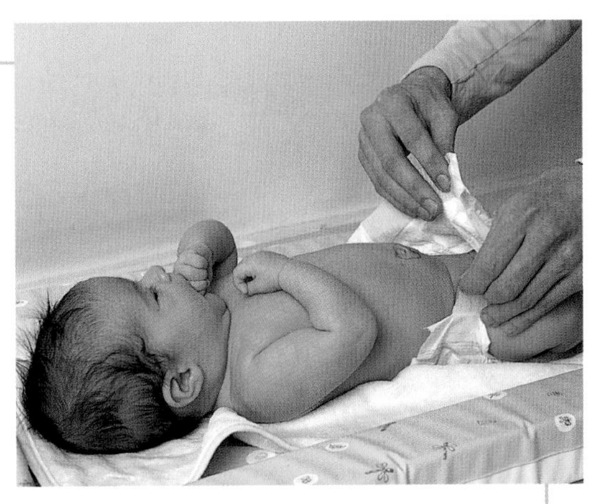

1 Étendez votre bébé sur le dos sur le piqué, en prenant soin de soutenir sa tête et la base de sa colonne vertébrale en le déposant. S'il est habillé, dévêtez-le jusqu'à sa camisole ou juste jusqu'à sa couche.

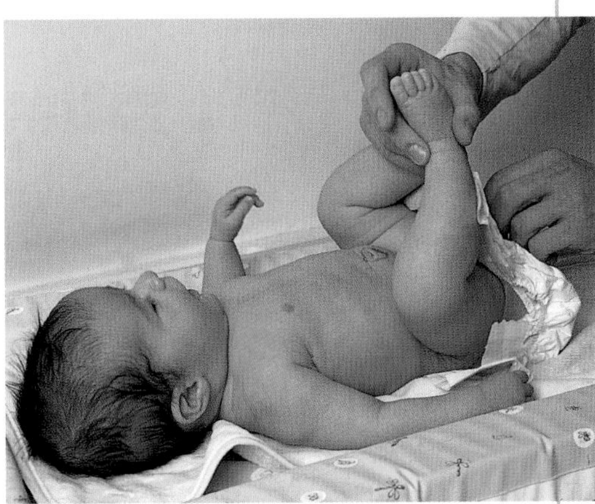

2 Détachez les languettes et enlevez la couche, en vous servant d'une partie non souillée pour faire un premier nettoyage. Les garçons ont tendance à uriner peu de temps après que la couche est enlevée, en réaction à l'air plus frais. Mettez un papier-mouchoir ou une lingette pour dévier le jet ou, si la couche est seulement mouillée, tenez-la au-dessus de la région génitale jusqu'à ce que le danger soit passé.

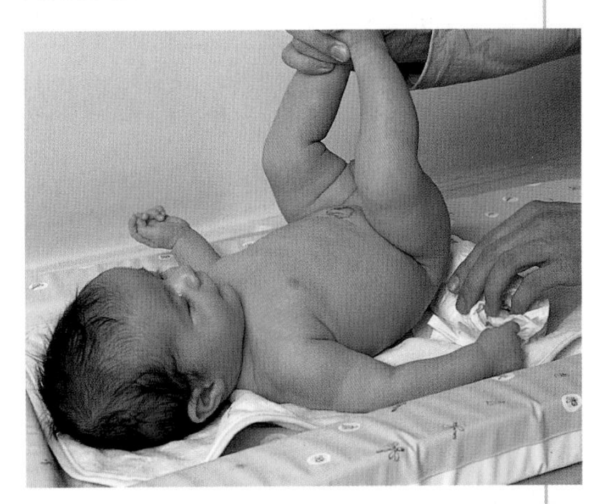

3 Roulez la couche d'une main (en gardant l'autre sur le bébé) et placez-la où le bébé ne peut l'atteindre. Maintenant, nettoyez soigneusement (voir la page 35) dans tous les replis de la peau et utilisez différentes lingettes pour les régions génitale et anale pour éviter de répandre une infection. Asséchez en tapotant, particulièrement dans les plis où l'irritation peut se développer.

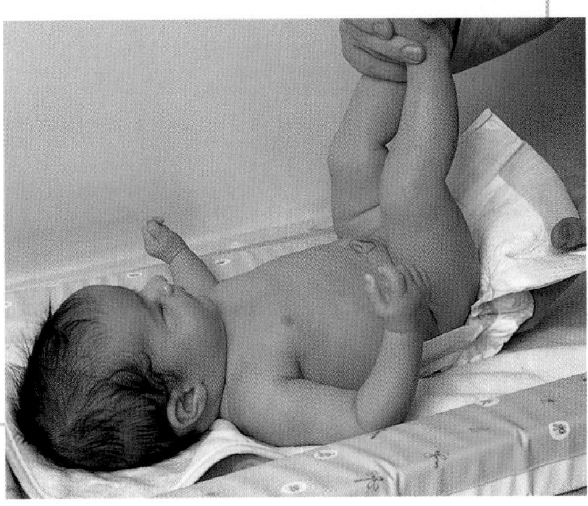

4 Étendez une couche propre ; glissez-la sous le bébé et fixez bien les côtés. Une fois votre bébé rhabillé, mettez la couche jetable dans un sac et jetez-la ou mettez la couche de tissu sale dans un seau en attente.

* Cette méthode vaut pour les couches jetables autant que pour les couches de tissu profilées aux attaches Velcro[MD] ou à boutons-pression.

Habiller votre bébé

Habiller votre bébé peut être un vrai plaisir, mais ce peut aussi être compliqué d'enfiler un ensemble à un bébé qui gigote, sans compter qu'il semble toujours y avoir un bouton-pression de plus que ce qu'il faut. Comment cela est-il possible?

Votre bébé passera la plus grande partie de sa vie de nourrisson dans le maillot à manches courtes, sans jambes, mieux connu sous le nom de camisole, et dans le maillot tout-en-un, connu comme la grenouillère. Choisissez-les en fibres douces et naturelles, difficiles à enfiler, mais confortables, avec de la place pour grandir.

LES MEILLEURS TRUCS

Truc de lavage

Les poudres à lessive fortes et les séchages prolongés peuvent bientôt transformer les vêtements en petits habits rêches comme du papier à poncer. Pour vous assurer que les vêtements et la literie sont suffisamment rincés, ne remplissez pas trop la laveuse. Si vous utilisez un assouplisseur à tissus, assurez-vous qu'il soit doux et exempt de couleurs et de parfums forts.

LA ROUTINE D'ENFILER ET D'ENLEVER LA CAMISOLE

Passer la camisole par-dessus la tête – Étendez votre bébé sur une surface moelleuse et accumulez le tissu à l'encolure de la camisole en utilisant vos deux mains. Glissez la camisole derrière sa tête, en étirant l'encolure largement. Soulevez délicatement sa tête. Placez l'ouverture au-dessus du sommet de sa tête et descendez délicatement la camisole par-dessus sa tête et son cou.

Enfiler les bras dans les manches – Replacez le tissu autour de son cou. Prenez une manche, ramassez le tissu dans une main et tenez-le avec votre pouce à l'intérieur de l'emmanchure. Avec votre autre main, prenez délicatement le poignet de votre bébé et glissez la manche par-dessus sa main et le long de son bras. Répétez avec l'autre manche.

Attacher les boutons-pression – Lissez en douceur le tissu sur le devant. Soulevez légèrement son derrière pour glisser la queue du vêtement sous et entre ses jambes. Commencez avec les boutons-pression les plus à l'extérieur d'un même côté, devant et derrière. Vous pouvez alors suivre la ligne de boutons-pression confiant de n'en oublier aucun.

Enlever une camisole propre (par le haut) – Couchez votre bébé sur une surface chaude et moelleuse et

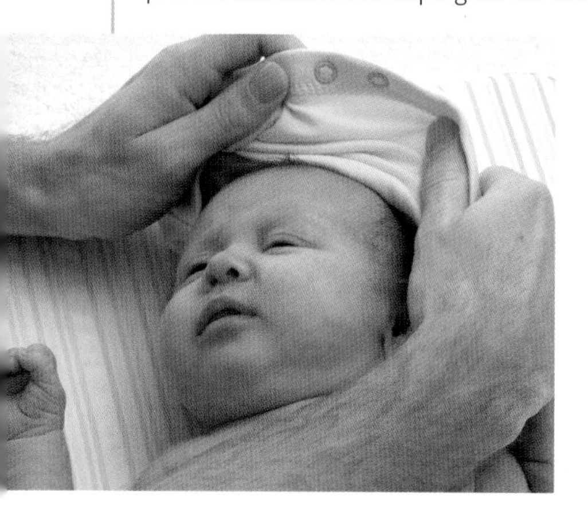

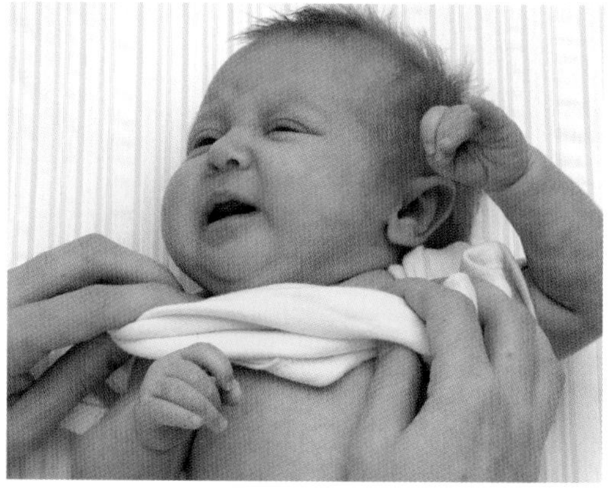

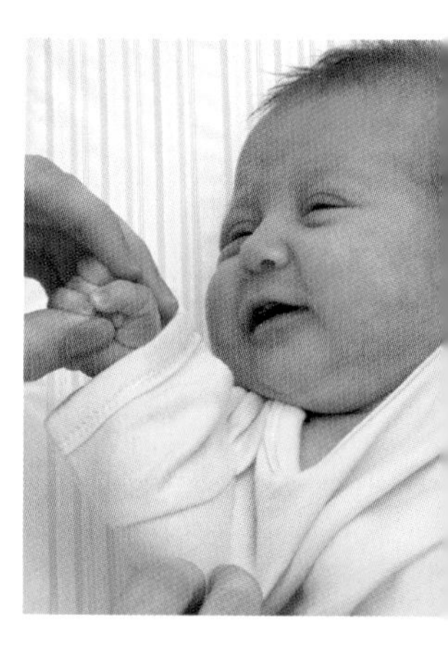

Les camisoles

Le meilleur type de camisole s'attache dans l'entre-jambe avec des boutons-pression, évitant qu'elle ne se relève dans le dos du bébé, l'exposant aux courants d'air. Une encolure enveloppante est aussi obligatoire. On l'enfile par-dessus la tête de l'enfant et elle glisse vers le bas par-dessus ses épaules pour être tirée et enlevée par les jambes. Cela peut être une planche de salut quand le fond de la camisole est souillé et que vous ne voulez pas la lui passer par-dessus la tête.

Comme les bébés ont de la difficulté à contrôler la température de leur corps, il est important de tenir compte de l'environnement quand on décide des vêtements à lui mettre. Une règle de base, c'est de toujours lui mettre une épaisseur de plus que ce que vous portez. Plusieurs épaisseurs de vêtements légers sont préférables à un seul vêtement épais, tout simplement parce que vous pouvez plus facilement contrôler la température du bébé en réduisant ou en augmentant le nombre d'épaisseurs au besoin. Un chapeau est aussi essentiel en automne et en hiver parce que les bébés perdent une grande partie de leur chaleur par la tête. En été, votre bébé aura aussi besoin d'un chapeau pour le protéger du soleil.

détachez les boutons-pression. Glissez la veste vers le haut de son corps. Ramassez une manche dans une main et servez-vous de votre autre main pour guider doucement son bras hors de la manche. Répétez avec l'autre manche. Accumulez la camisole autour du cou de votre bébé en étirant l'encolure aussi largement que possible pour éviter que le tissu ne traîne sur son visage. Tirez la camisole par-dessus son visage vers le haut de sa tête en un seul mouvement doux. Soulevez délicatement sa tête pour enlever la camisole.

Enlever une camisole souillée (par le bas) – Enlevez la couche souillée et nettoyez rapidement le derrière de votre bébé. Soulevez délicatement sa tête. Étirez un coin de l'encolure au-dessus d'une épaule et répétez de l'autre côté. Recouchez-le et glissez l'encolure le long de chaque bras. Étirez de nouveau l'encolure pour l'ouvrir et sortez délicatement ses bras de chaque manche. Ramassez le tissu de la camisole et glissez-la au bas des jambes, en essayant d'éviter de salir davantage le bébé. Vous pouvez maintenant finir de nettoyer votre bébé, puis remplacer sa couche et ses vêtements.

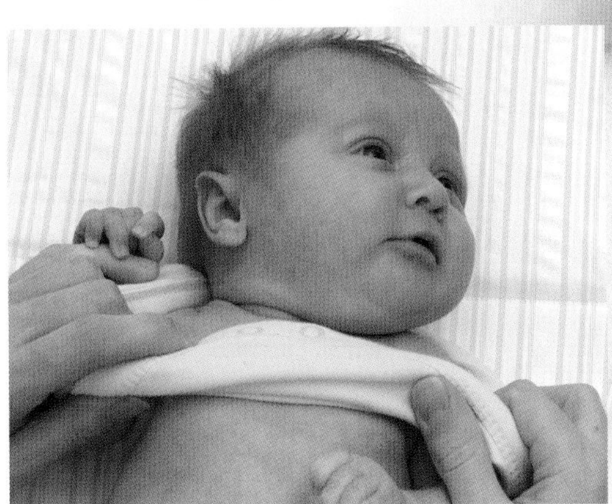

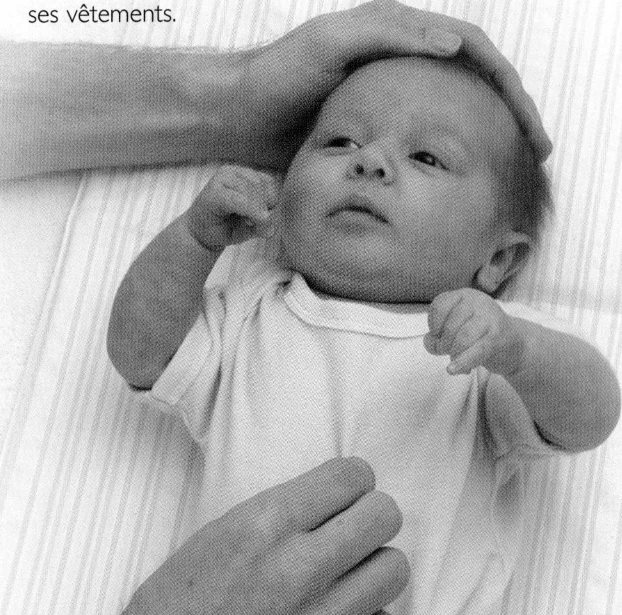

Habillez toujours votre bébé dans un endroit chaud et confortable et assurez-vous que tout ce dont vous avez besoin est à portée de la main. Vous pouvez utiliser ce moment en tête-à-tête pour renforcer vos liens en parlant, en vous blottissant l'un contre l'autre et en massant gentiment votre bébé. Essayez de maintenir le contact visuel autant que possible et servez-vous des vêtements comme accessoires de jeu, par exemple pour jouer à Coucou ! Rendez l'expérience aussi plaisante que possible pour vous deux, sans l'étirer au point que le bébé prenne froid ou se fatigue.

PARLONS DU... | PARTAGE DES TÂCHES

Durant les premiers mois de vie de votre bébé, il peut sembler qu'il ait sans cesse besoin qu'on change sa couche et qu'on lui enfile de nouveaux vêtements. C'est beaucoup de travail, ce qui peut devenir irritant, surtout quand vous commencez à peine à vous détendre après le dernier changement. Inévitablement, ces tâches vont causer des frictions dans le ménage et vous frissonnerez sous le regard glacial de votre conjointe si elle estime que vous êtes un peu trop lent à déposer votre journal pour aider. Une bonne façon pour éviter cela serait de diviser entre vous la responsabilité des changements tout au long de la semaine. Par exemple, elle se charge de l'horaire du matin tandis que vous, vous préparez pour le travail, mais vous prenez la relève dès que vous rentrez du travail le soir. Une autre possibilité, c'est que votre conjointe pourrait prendre la charge toute la semaine et vous, la fin de semaine. Évidemment, ce sont des limites artificielles et, régulièrement, il y aura de bonnes raisons de les franchir; néanmoins, si au moins vous discutez du problème et que votre conjointe sent que vous vous engagez, il y aura alors probablement moins de frictions incessantes.

Les grenouillères

La grenouillère monopièce est un vêtement fantastique des tenues pour bébé. Les grenouillères gardent les bébés au chaud et confortables de partout; elles rendent aussi la vie des parents plus facile parce que vous n'avez qu'à trouver un vêtement quand vient le temps de changer la couche du bébé ou de le préparer pour le lit. Ces ensembles peuvent être portés 24 heures sur 24 quand votre bébé est tout petit et font d'excellents pyjamas quand il vieillit.

Certaines grenouillères sont munies d'une fermeture éclair sur le devant, ce qui les rend très rapides et faciles à enfiler, mais le risque de coincer la peau ou une des parties du corps indique qu'il est préférable de s'en tenir aux boutons-pression. Cependant, après plusieurs lavages, les grenouillères ont tendance à s'étirer et il devient pratiquement impossible de les rajuster.

Quand vous choisissez des grenouillères, ayez conscience que les grandeurs selon l'âge varient beaucoup d'un fabricant à un autre et que les seuls guides raisonnables sont le poids et la taille de votre bébé. Essayez toujours de choisir afin qu'il ait de la place pour s'étirer et grandir.

Peu de bébés prennent plaisir à la corvée du déshabillage, en partie parce que la température change, mais aussi parce qu'ils n'aiment pas le changement. Suivez donc les règles habituelles en le rassurant et en rendant l'expérience aussi amusante que possible pour vous deux.

LA ROUTINE POUR ENFILER ET ENLEVER LA GRENOUILLÈRE

Préparer le vêtement – Détachez tous les boutons-pression et étendez la grenouillère sur une surface douce et chaude. Couchez votre bébé sur le vêtement.

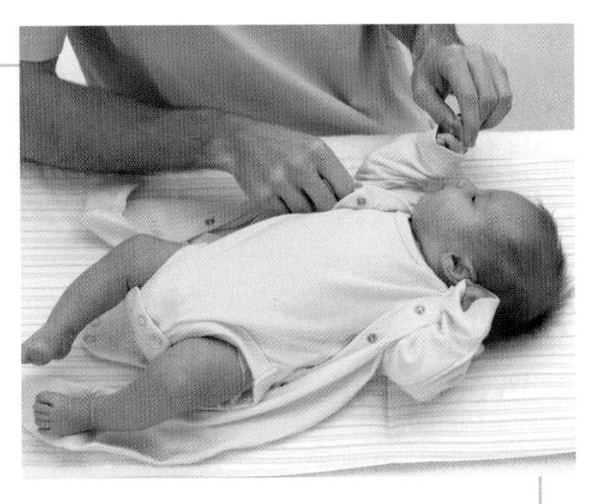

Enfiler les bras – Relevez le tissu de la manche et glissez-le délicatement autour du poignet de votre bébé, en prenant soin de vérifier que ses doigts ou ses ongles ne se coincent pas ce faisant. Vous pouvez avoir besoin d'étirer les bords-côtes trop serrés du vêtement pour y faire passer ses mains.

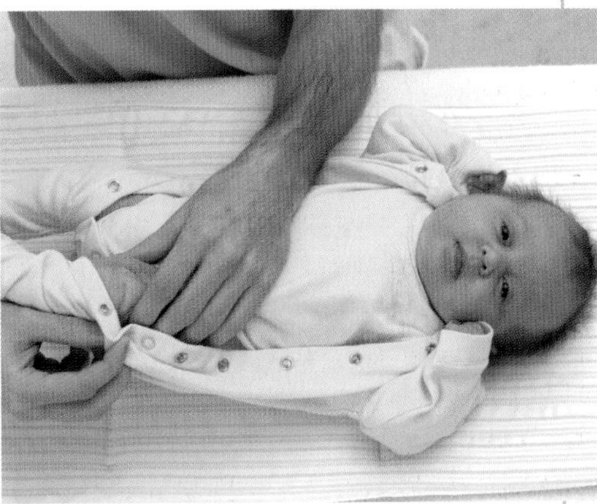

Enfiler les jambes – En prenant une jambe à la fois, ramassez le tissu et glissez son pied jusqu'à ce que ses orteils atteignent l'extrémité. Puis étendez le matériel jusqu'au haut de sa jambe.

Fermer les boutons-pression – Alignez les deux côtés de la grenouillère sur le devant de votre bébé et attachez les boutons-pression du haut jusqu'à la fourche. C'est la partie la plus facile à attacher et cela arrête votre bébé de gigoter alors que vous arrivez aux jambes. Attachez les boutons-pression de la cheville à la fourche et faites l'autre jambe en commençant encore depuis la cheville.

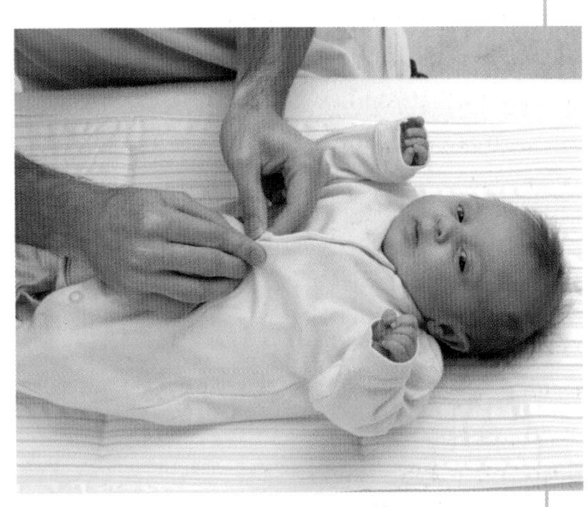

Pour enlever le vêtement

La façon la plus facile de retirer la grenouillère est de remonter depuis les orteils vers le haut; votre bébé donnera probablement des coups de pied pour extraire ses jambes dès que les boutons-pression seront détachés. Détachez tous les boutons-pression et soutenez chaque genou pendant que vous dégagez le tissu. Soulevez le derrière de votre bébé et glissez le bas du vêtement vers son dos. Soutenez ses coudes et, sans tirer, sortez chaque bras de sa manche. Si la moitié du bas est souillée, peut-être préférerez-vous commencer par les bras et terminer par les jambes.

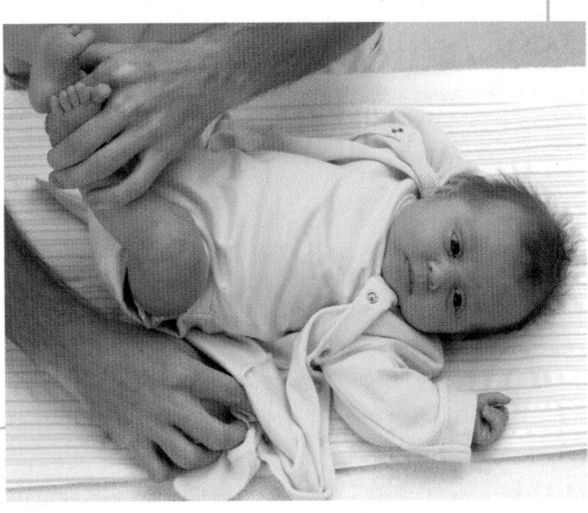

Nourrir votre bébé

L'allaitement maternel

Il n'y a aucun doute à ce propos: l'allaitement maternel constitue le meilleur départ possible dans la vie de votre enfant. Il y a une longue liste de bénéfices potentiels pour la santé et le développement de votre enfant et la recherche médicale découvre sans cesse de nouvelles raisons de nourrir au sein. L'allaitement maternel profite aussi, à long terme, à la santé de votre conjointe, l'aide à retrouver plus rapidement sa forme d'avant la grossesse et nourrit les liens étroits entre la mère et l'enfant.

L'allaitement maternel représente également beaucoup moins de travail – il n'y a pas de bouteilles à nettoyer, pas de lait maternisé à préparer et, la nuit, c'est beaucoup plus facile pour vous – et votre conjointe –, si elle peut simplement se tourner sur le côté et allaiter le bébé jusqu'à ce qu'il se rendorme.

Cela dit, il y a certaines situations où l'allaitement maternel peut être difficile, par exemple, à cause d'une condition physique préexistante ou contre-indiquée (si elle suit une médication quelconque), ou, tout aussi importante, si une femme ne veut tout simplement pas allaiter. Et, même lorsqu'une femme s'est engagée à allaiter, elle peut trouver difficile de maîtriser la bonne technique, et la maladie ou d'autres situations peuvent interférer. Donc, prendre la décision entre l'allaitement au sein ou au biberon ne signifie aucunement que ce sera simple et, même si une femme décide d'allaiter, les choses ne vont pas toujours comme elle le prévoyait. Plusieurs femmes ayant commencé à allaiter abandonnent au cours des six semaines suivant la naissance. Au Royaume-Uni, seulement 25 % environ des mères allaitent encore à six mois – un taux beaucoup plus bas qu'ailleurs en Europe. En Norvège, par exemple, 80 % des mères allaitent encore après six mois.

Si votre conjointe souhaite de tout cœur allaiter, mais se trouve incapable de le faire, cela peut causer

un gros choc psychologique et elle aura besoin de toute votre compréhension et de tout votre soutien. Des bébés prématurés, aux soins intensifs, et même des bébés adoptés ont été allaités au sein avec succès; donc, assurez-vous, votre conjointe et vous, de trouver toute l'aide disponible.

L'allaitement maternel peut parfois faire que les pères se sentent exclus du lien étroit qui se crée pendant l'allaitement. Cependant, quand votre partenaire se sentira vraiment prête, elle pourra extraire du lait, dont vous pourrez ensuite nourrir votre bébé au biberon, ou vous pourrez lui donner occasionnellement du lait maternisé au biberon ou de l'eau (si votre infirmière du CLSC le recommande). D'ici là, laissez maman et bébé s'habituer à l'allaitement au sein pendant que vous profitez de la paix et de la tranquillité. Bien sûr, vous pouvez toujours aider en allant chercher votre bébé quand il est prêt à être nourri et le remettre au lit quand il a terminé.

En dépit de tous les bénéfices de l'allaitement maternel, élever votre enfant au lait maternisé n'est pas un désastre – loin de là. Le lait maternisé procure toute la nourriture dont l'enfant a besoin et peut contenir plus de nutriments que le lait maternel. Par contre, comme les bébés peuvent absorber plus rapidement les nutriments du lait maternel, ce n'est donc pas un vrai problème. La grosse différence tient à ce que le lait maternel contient une gamme d'ingrédients supplémentaires qui tuent les bactéries, combattent les infections et, en général, renforcent le système immunitaire du bébé.

Néanmoins, quoi qu'il en soit des faits et des chiffres, et si forte que soit votre adhésion à une méthode particulière d'allaitement, la décision finale appartient à votre conjointe – c'est son corps. Bien sûr, vous devriez être impliqué dans la discussion, mais une fois la décision prise, elle a besoin de votre soutien entier et ne devrait pas se sentir coupable de la voie choisie.

De toute façon, le temps de l'allaitement est un plaisir à ne pas manquer. Et, même quand votre bébé est nourri au sein, vous pouvez ressentir une véritable implication simplement en les observant et les encourageant. C'est un processus fascinant à observer; plusieurs bébés développent des habitudes bizarres dans leurs mouvements et leurs bruits quand ils tètent, qui peuvent être très amusantes et réunir toute la famille par des liens affectifs.

L'ALLAITEMENT MATERNEL EN PUBLIC

Des sondages ont démontré que jusqu'à 60 % des femmes ont été mises mal à l'aise en tentant d'allaiter publiquement leur bébé. On a même demandé à des mères nourrissant leur bébé au biberon d'arrêter. Au Royaume-Uni, c'est devenu un tel problème que l'Écosse a voté une loi pour prévenir toute discrimination à cet effet; on s'attend à ce que l'Angleterre l'imite bientôt. La cause de l'allaitement maternel en public est une raison majeure qui pousse les mères à arrêter l'allaitement prématurément; alors, elles ont vraiment besoin de votre soutien.

PARLONS DE... L'ALLAITEMENT DU BÉBÉ

Si vous voulez avoir votre mot à dire dans la façon dont votre bébé sera nourri – au sein ou au biberon –, des recherches ont démontré que la décision est souvent prise tôt pendant la grossesse ou même avant la conception. Une grande influence dans la décision prise par la femme vient de sa perception de ce que son partenaire pense de l'allaitement au sein et du désir de l'impliquer dans les soins à donner à l'enfant. Donc, il est important de vous assurer que votre conjointe comprenne vos sentiments aussitôt que possible et que vous soyez tous les deux au courant des avantages et désavantages de chaque méthode.

Nourrir votre bébé au biberon

Choisir de nourrir votre bébé au biberon signifie que votre conjointe et vous devrez respecter des standards de propreté très élevés dans tous les aspects du processus d'alimentation. Bien sûr, tout ce que vous faites pour votre bébé dans les premières étapes de sa vie devrait être destiné à maintenir sa santé et à éviter la maladie, mais le nourrir requiert un surplus de vigilance afin de prévenir quelques-unes des infections les plus dangereuses.

Comme père, vous pouvez ne pas être aussi impliqué dans les activités d'allaitement et dans leurs liens affectifs que vous le voudriez, mais aider à préparer l'équipement nécessaire chaque jour peut être un avantage énorme pour votre conjointe et vous donner aussi la satisfaction supplémentaire de participer.

Une fois que l'équipement pour l'allaitement a été bien lavé, vous devrez tout stériliser. Il y a différentes façons de le faire et on ne croit plus nécessaire de faire bouillir les biberons. Il y a du matériel de stérilisation qui utilise des produits chimiques pour faire le travail, ou vous pouvez acheter un stérilisateur. Sinon, il y a des biberons qui peuvent être stérilisés dans le four à micro-ondes ou vous pourriez vous servir du cycle chaud du lave-vaisselle, ce qui vous permet de laver autant de biberons que vous en aurez besoin dans la journée.

LES BÉNÉFICES DE L'ALLAITEMENT MATERNEL

L'Organisation mondiale de la Santé recommande que les bébés soient exclusivement nourris au sein pendant les six premiers mois de leur vie.

Les bébés nourris au sein souffrent moins d'infections pulmonaires, auriculaires, stomacales et urinaires; ils ont des cœurs plus sains, un développement cérébral accru, un risque moins grand d'allergies environnementales, une protection contre le diabète et un meilleur développement osseux.

On a découvert aussi qu'ils développent de plus hauts niveaux d'intelligence et qu'il leur est plus facile de gravir l'échelle sociale plus tard dans leur vie.

Les mères qui allaitent risquent moins de cancer des ovaires et du sein, perdent plus de poids si elles nourrissent pendant au moins six mois, retrouvent plus rapidement à leur taille d'avant la grossesse et connaissent un risque réduit d'ostéoporose plus tard dans leur vie.

Les pères en bénéficient aussi. Leur conjointe et le bébé sont en meilleure santé, c'est moins de travail que l'allaitement au biberon et c'est gratuit.

Il y a même des avantages pour les contribuables. On calcule que, aux États-Unis, on épargnerait 3,6 milliards de dollars dans le traitement d'infections communes à l'enfance si 50 % des mères allaitaient au sein pendant six mois (soit le double de ce qui se fait actuellement).

Préparer le lait maternisé

Une fois que vous avez stérilisé tout l'équipement d'allaitement et que vous vous êtes lavé les mains, vous pouvez commencer à préparer le lait. La base du mélange est habituellement du lait de vache ou de soya; il peut être acheté prémélangé en contenants, quoiqu'il soit plus commun, et plus économique, de l'acheter en poudre pour préparer le mélange au besoin.

Non seulement tout doit rester scrupuleusement propre, mais encore vous devez suivre les instructions du manufacturier très soigneusement. En particulier, la façon de mesurer les quantités d'eau et de poudre est cruciale: s'il n'y a pas assez d'eau, votre bébé pourrait se déshydrater mais, s'il y en a trop, il pourrait être sous-alimenté. Donc, par précaution, ne comblez ou ne tassez jamais une cuillerée de poudre et mélangez chaque cuillerée à la quantité d'eau exacte.

C'est une bonne idée de préparer plusieurs biberons d'avance et de les réfrigérer jusqu'au moment de s'en servir, mais n'oubliez pas que vous devrez jeter toute quantité non utilisée au bout de 24 heures. Quand vous sortez le lait du réfrigérateur, laissez-le se réchauffer naturellement à la température de la pièce ou placez-le dans un pot d'eau chaude.

LA ROUTINE DE STÉRILISATION DES BIBERONS

Laver les biberons – Vous aurez besoin d'une brosse à bouteille pour assurer un vrai lavage à fond. Remplissez un bol propre d'eau chaude savonneuse et immergez les biberons. Accordez une attention spéciale au pas de vis au haut du biberon et à l'intérieur du goulot, ce sont les zones où le lait suri se loge facilement. Rincez abondamment pour éliminer tout reste de détergent.

Laver les tétines – Utilisez une brosse spéciale pour tétines afin d'atteindre tous les recoins difficiles d'accès. Retournez la tétine à l'envers pour finir le travail et rincez bien.

Suivre les instructions du manufacturier – Quand vous utilisez un stérilisateur, suivez toujours les instructions pour minimiser les chances que quelques bactéries s'infiltrent. Une fois la stérilisation terminée, videz le contenant. Vous aurez peut-être à rincer les accessoires avec de l'eau bouillie refroidie si vous utilisez des comprimés dans le stérilisateur. Vous pouvez utiliser les biberons immédiatement ou les laisser dans le stérilisateur.

PRÉPARER LE LAIT MATERNISÉ

Faire bouillir l'eau – Remplissez une bouilloire d'eau fraîche ou filtrée et faites bouillir. Ne vous servez pas d'eau minérale ou d'eau douce parce que le niveau de sels minéraux peut être inapproprié pour un bébé. Versez la quantité nécessaire d'eau bouillie refroidie dans le biberon.

Mesurer le lait – Utilisez la cuillère fournie pour mesurer la quantité requise de lait, puis égalisez avec un couteau afin d'enlever le surplus de poudre de lait – raclez en passant à la surface de la cuillère, en non en la tassant.

Mélanger et conserver – Vérifiez deux fois la quantité de cuillerées requises et ajoutez au biberon. Mettez le sceau et vissez le bouchon. Maintenant, agitez le biberon assez fort pour que l'eau et la poudre soient parfaitement mélangées. Replacez le sceau avec la tétine stérilisée. Vous pouvez préparer plusieurs biberons à la fois; conservez-les au réfrigérateur jusqu'à 24 heures.

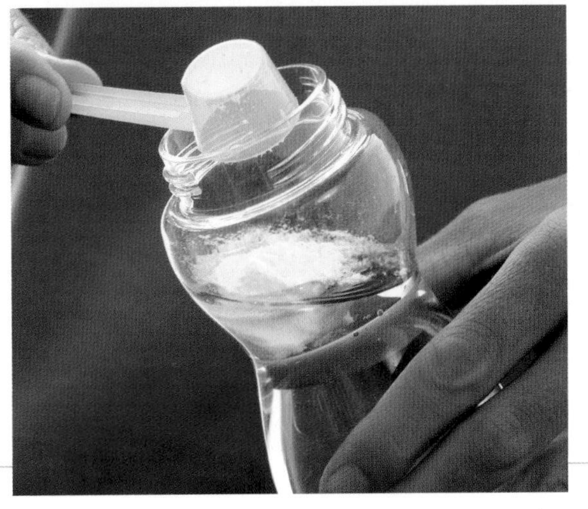

Comment allaiter votre bébé

C'est de nouveau le temps du boire, à la différence que, pour la première fois, vous donnerez le lait à votre progéniture affamée. Si votre conjointe nourrit au sein et a extrait du lait afin que vous nourrissiez le bébé au biberon, alors vous avez probablement démontré un intérêt passionné pour le rituel d'allaitement depuis trois ou quatre semaines. C'est un bon délai qui permet à votre conjointe de bien établir le processus d'allaitement au sein. Même si elle a nourri au biberon depuis la naissance, il vaut mieux attendre qu'elle ait le sentiment d'avoir établi un lien affectif assez fort avec le bébé avant que vous ne commenciez à le nourrir à votre tour. Nourrir votre bébé devrait être une expérience intime, garantie pour vous aider tous les deux à créer des liens. Observez votre conjointe pour voir comment elle établit le rapport avec votre bébé en le nourrissant et essayez de recréer cette atmosphère spéciale. Assoyez-vous confortablement – vous serez là pendant un petit bout de temps – et mettez peut-être une musique douce pour vous aider à relaxer et à apprécier l'expérience. Regardez votre bébé dans les yeux et essayez de maintenir le contact visuel tout au long du boire pour vraiment communiquer avec lui, souriant et l'encourageant à mesure qu'il boit.

Faire faire son rot au bébé

Les bébés avaleront habituellement de l'air en tétant, surtout quand ils boivent au biberon, parce qu'il ne leur est pas toujours facile de faire un sceau étanche autour de la tétine avec leur bouche. L'air peut former des bulles dans l'estomac du bébé, lui causant de l'inconfort et une impression de satiété ; vous devez donc l'aider à expulser cet air. C'est le rot du bébé.

Certains bébés ont besoin de faire un rot plus souvent que d'autres et vous pourrez aussi vous rendre compte qu'une autre forme de tétine peut résoudre le problème. Cependant, si votre bébé tombe tout bonnement endormi après avoir bu, ne le dérangez pas. En fait, votre bébé s'assoupira souvent après avoir bu, comme vous le feriez après un

LA ROUTINE DE L'ALLAITEMENT AU BIBERON

Chauffer le lait – Servez-vous d'une casserole d'eau bouillante ou d'un chauffe-biberon électrique pour réchauffer le lait (voir l'encadré). N'utilisez pas un four à micro-ondes, il chauffe le lait inégalement laissant certaines parties très chaudes. De plus, chauffer le lait maternel dans un four à micro-ondes détruira certains des ingrédients qui stimulent le système immunitaire du bébé.

Vérifier la température – Avant de donner le lait à votre bébé, secouez quelques gouttes sur l'intérieur de votre poignet. Vous devriez sentir qu'il est chaud, mais pas trop chaud.

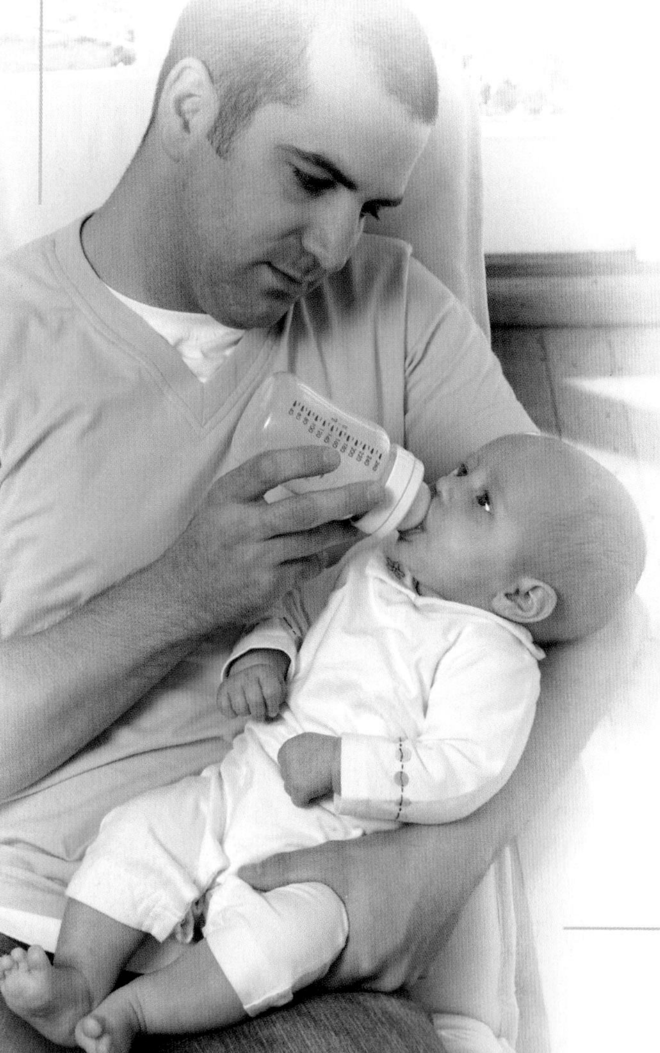

Caresser son menton (1) – Laissez le bébé voir le biberon, puis caressez son menton pour provoquer le réflexe des points cardinaux. Il se tournera automatiquement vers vous, la bouche ouverte, prêt à téter.

Offrir le biberon (2) – Tenez le biberon à un angle de 45° afin que son goulot soit plein de lait et qu'il ne s'y trouve pas de bulles d'air. Offrez la tétine à votre bébé, laissez-le la prendre profondément dans sa bouche et commencer à téter.

Maintenir le niveau de lait (3) – Gardez le biberon stable afin qu'il puisse correctement s'y accrocher. Vous le sentirez téter le biberon. Corrigez l'angle afin que le haut du biberon soit toujours plein de lait.

Retirer le biberon (4) – Quand votre bébé a fini de boire, ou qu'il a besoin de faire son rot, glissez votre petit doigt dans le coin de sa bouche pour briser la succion. Une fois que vous avez terminé, jetez le reste de lait et commencez le prochain boire avec un biberon frais.

RÉCHAUFFER LE LAIT

La majorité des parents préfère réchauffer le lait du biberon pour qu'il s'apparente le plus possible au lait maternel. Par contre, la majorité des bébés ne se préoccupe pas qu'il soit plus frais tant que le lait est à la température de la pièce, et non froid. Ne donnez pas à un bébé du lait resté plus d'une heure à la température de la pièce.

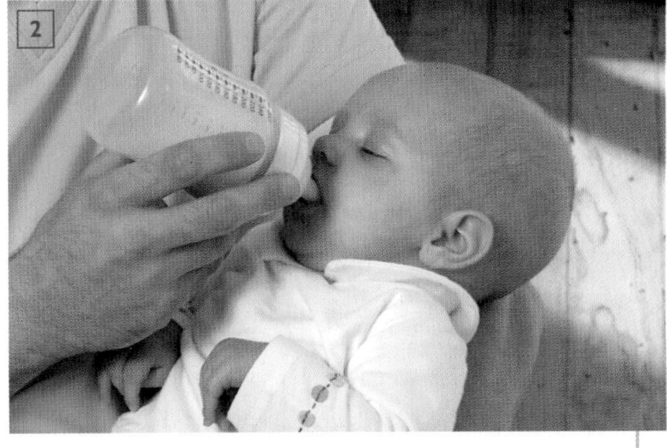

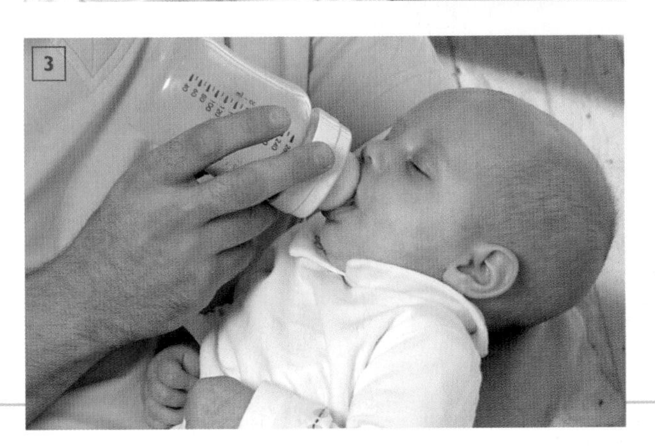

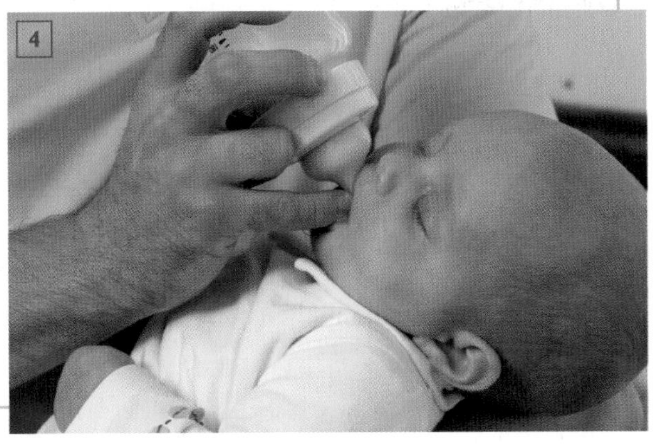

TROIS FAÇONS DE FAIRE FAIRE LE ROT DE BÉBÉ

Sur votre épaule – Relevez-le afin que sa tête soit au-dessus de votre épaule et qu'il regarde à l'opposé de votre cou. Utilisez une main pour soutenir son derrière et l'autre pour caresser ou tapoter délicatement son dos. Vous pouvez aussi essayer en commençant à la base de sa colonne vertébrale en vous déplaçant vers le haut, littéralement pour «faire remonter» l'air emprisonné.

Assis – Tenez votre bébé en position assise sur vous. Supportez sa tête d'une main pendant que de l'autre, vous caressez ou tapotez délicatement autour de ses omoplates.

Sur vos genoux – Couchez votre bébé de façon à ce que son estomac repose sur un genou et sa poitrine sur l'autre, ou sur votre bras replié. Sa tête devrait être tournée à l'opposé de vous et rien ne doit obstruer sa bouche. Caressez ou tapotez délicatement son dos.

bon repas. Il commencera à rouler des yeux et semblera intoxiqué, mais c'est une réaction parfaitement normale.

Tout autant que de l'air, votre bébé peut aussi régurgiter du lait qu'il avait avalé. Au contraire du vomissement, cette régurgitation est habituellement un filet de lait qui s'échappe de la bouche du bébé et dont il semble à peine s'apercevoir. Parfois, cela arrive à cause d'un surplus de lait mais, généralement, cela est dû à la valvule, au haut de l'estomac, non encore assez forte pour empêcher les liquides de remonter. Vous pouvez minimiser ce problème en tenant le corps de votre bébé droit à un angle de 30° pendant et après le boire, empêchant les liquides de sortir par le haut de son estomac.

Sans conteste, nourrir votre bébé peut être une affaire salissante bien avant qu'il en soit au stade de jeter et de renverser des aliments par terre. Donc, ce serait une bonne idée d'étendre une serviette sur vous pour protéger vos vêtements et de mettre un bavoir au bébé pour éviter d'avoir à le changer après qu'il a bu.

Donner de la nourriture solide à votre bébé

Lorsque votre bébé atteindra l'âge de six à neuf mois, il aura développé de nouvelles façons de communiquer et vous commencerez à sentir qu'une relation plus enrichissante est maintenant possible. C'est aussi vers cet âge qu'il sera prêt à manger des aliments solides, vous offrant une nouvelle occasion d'augmenter votre implication dans les soins à lui donner. Avec un peu de chance, vous aurez déjà préparé du lait maternisé ou vous lui aurez donné un occasionnel biberon de lait maternel; maintenant, vous pouvez faire un pas de plus.

Et ce n'est pas qu'avec l'allaitement que vous pourrez aider. Tout comme vous avez aidé à préparer les biberons pour relâcher la pression sur votre conjointe et participer, vous pourriez maintenant réellement cuisiner de la nourriture pour votre bébé.

Même si vous êtes un piètre chef, ce n'est pas grave. La plupart des recettes pour bébés sont de très simples mélanges d'ingrédients nutritifs et la bonne nouvelle est que vous n'avez pas vraiment à vous soucier de l'apparence de la nourriture quand elle arrive sur la table – à ce stade, tout a bel et bien été réduit en purée.

Il existe d'excellents livres de recettes proposant de la nourriture rapide, saine et amusante pour les enfants de tout âge ; vous devriez donc être capable de trouver quelque chose que vous pouvez faire et qu'il aimera manger – seulement, ne vous découragez pas si vos pâtes parfaites aboutissent sur le plancher.

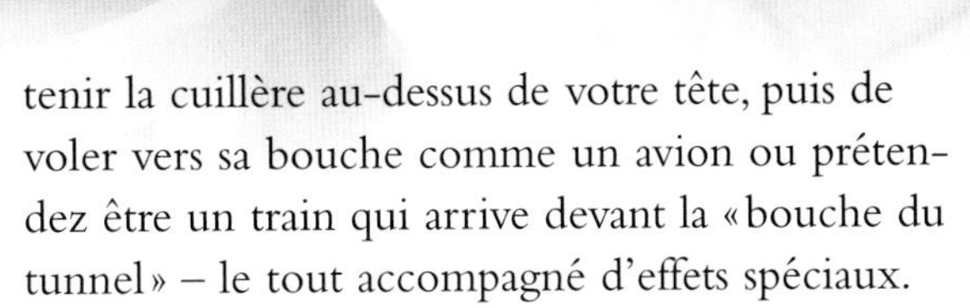

Vous aiderez vraiment votre conjointe dans la cuisine, et vous vous sauverez tous les deux du temps à l'heure des repas, si vous préparez une grosse quantité de purée, la mettez dans les tiroirs à glace et si vous la congelez. Ensuite, sortez autant de cubes que requis pour chaque repas et décongelez-les en conséquence. Vous pouvez aussi congeler des cubes de légumes individuels telles les pommes de terre en purée, par exemple, et préparer des repas avec la sélection préfaite. Soyez prudent si vous décongelez dans un four à micro-ondes parce que la nourriture sera souvent chaude inégalement ; donc, n'oubliez pas de vérifier et de brasser parfaitement pour mélanger toutes les parties brûlantes. Peut-être que la meilleure façon est de simplement mettre le plat de nourriture dans un bol plus large rempli d'eau chaude et de la laisser se réchauffer doucement à la température requise.

Faire de manger un plaisir

Votre bébé aura encore une très courte durée d'attention et, donc, garder son intérêt assez longtemps pour qu'il mange un repas ne sera jamais facile. Pour tirer le maximum de chaque repas afin de bâtir votre relation, vous devez vraiment en faire une expérience amusante.

Comme vous le faites en changeant les couches ou en baignant votre bébé, vous devez maintenir le contact visuel, garder le sourire, parler et l'encourager tout au long du repas. Laissez-le vous voir goûter le repas et le savourer. Transformez le processus du repas en jeu en faisant des bruits amusants en gobant un peu de nourriture. Essayez de tenir la cuillère au-dessus de votre tête, puis de voler vers sa bouche comme un avion ou prétendez être un train qui arrive devant la « bouche du tunnel » – le tout accompagné d'effets spéciaux.

Ce n'est pas un désastre si votre bébé ne mange pas la nourriture – quoique ce sera très frustrant pour vous – parce qu'il vous fera toujours savoir quand il a faim. Cependant, si tout le reste échoue, placez sa chaise haute en direction de son émission de télévision favorite. Cela peut le distraire au point qu'il mangera sans presque s'en rendre compte, alors que vous l'aiderez à vider son bol en mode automatique. Le distraire avec un jouet peut aussi aider.

Une chose est garantie, l'heure des repas est synonyme de gâchis : sur l'enfant, le plancher, les meubles et vous ; choisissez donc un lieu approprié et n'essayez jamais de le nourrir dans vos vêtements de travail. Mettez à votre bébé une bavette ou, même, un surtout en plastique, et étalez du papier journal ou une toile plastique sur le plancher. Si vous prévoyez lui donner un bain ce jour-là, il est préférable d'attendre après le repas ! Vous pourriez aussi en avoir besoin d'un.

Nourrir à la cuillère

Votre bébé peut mettre plusieurs semaines à maîtriser la technique de manger avec une cuillère. Comme pour l'allaitement au biberon, vous devrez stériliser la cuillère et le bol. Tenez votre bébé droit sur vos genoux ou dans une chaise appropriée.

Assurez-vous qu'il porte un bavoir et que vos jambes soient couvertes aussi ! Prenez de la purée dans une cuillère à long manche et tenez-la entre ses lèvres pour qu'il puisse téter la nourriture. Prenez soin de ne pas mettre la nourriture trop loin dans sa bouche pour prévenir tout haut-le-cœur. Il rejettera probablement un peu de nourriture jusqu'à ce qu'il prenne l'habitude de la prendre de la cuillère.

Aider votre enfant à se nourrir seul

La première règle pour apprendre à votre enfant à se nourrir seul, c'est de ne pas s'attendre à trop en peu de temps. Plusieurs bébés ne maîtriseront pas le mouvement d'une cuillère dans un bol, puis dans leur bouche, avant d'avoir franchi leur premier anniversaire. Leur développement physique et neurologique n'est souvent pas à la hauteur de la tâche pour coordonner une opération aussi compliquée, même s'ils peuvent très bien tenir une cuillère, la remplir de nourriture et la projeter à travers la pièce – ce qui est plus facile et beaucoup plus amusant.

Jusqu'à ce qu'il soit capable de tenir une cuillère, la seule autre option est d'utiliser ses mains (non que ce soit beaucoup plus propre quand il peut se servir d'une cuillère). Se nourrir avec ses doigts est salissant et inefficace, mais il est important de laisser votre bébé se nourrir seul s'il le veut – et à son propre rythme. Vous pourrez l'aider une fois qu'il en aura assez mais, d'ici là, il doit expérimenter pour apprendre et c'est une excellente façon de développer la coordination entre la main et l'œil. Offrez-lui une cuillère avec laquelle jouer avec sa main libre, tandis qu'il mange des fèves au four, une par une, avec l'autre.

Les aliments à manger avec les doigts sont manifestement une excellente idée à cet âge. Des cubes de légumes cuits, des morceaux de fruits pelés, des raisins épépinés, des morceaux de pâtes cuites, du fromage et, bien sûr, des sandwichs. Par contre, évitez les noix et les aliments contenant des graines.

Une cuillère en plastique peut être un ustensile dangereux entre les mains d'un petit bébé ; aussi, est-il préférable d'en choisir une dont les extrémités sont recouvertes, qui ne le blessera pas trop quand il l'enfoncera dans ses petites gencives et ses amygdales. Vous pouvez aussi acheter des cuillères

thermosensibles pour bébés qui changent de couleur quand les aliments sont trop chauds pour être mangés.

Ne désespérez pas si votre bébé ne prend pas immédiatement votre aliment. Souvent, un bébé semblera complètement désintéressé au début, seulement pour vider le bol dès que vous avez le dos tourné. Si vous nourrissez votre bébé dans une chaise haute, il est préférable de l'habituer à s'y asseoir avant d'introduire les aliments solides, sinon vous confrontez deux expériences nouvelles en même temps. Vous devrez probablement le garder hors de sa chaise avant que les aliments ne soient prêts, une fois qu'il sera nourri régulièrement dans la chaise. Cela évitera qu'il ne se fatigue et crie pour en sortir alors que la nourriture arrive.

Choisir une chaise haute est une décision importante, considérant l'impact que les bons ou les mauvais repas peuvent avoir sur votre journée. Il importe de trouver une chaise sécuritaire et stable, qui tient votre bébé confortablement en place et facile à nettoyer. Vérifiez deux fois plutôt qu'une la qualité des harnais de sécurité, particulièrement le mécanisme de fermeture, et souvenez-vous qu'ils seront bientôt couverts de nourriture ; il est donc préférable d'en trouver qui s'enlèvent pour les mettre dans la laveuse au besoin.

Idéalement, votre chaise sera pourvue d'une tablette détachable, ce qui la rend plus facile à nettoyer et donne aussi une plus grande flexibilité d'usage de la chaise. Prendre les repas ensemble est une excellente façon de développer les liens familiaux et aide votre bébé à être plus sociable dès son plus jeune âge, tout en encourageant la discipline à long terme – quelque chose que vous apprécierez vraiment quand vous irez au restaurant avec lui. Donc, vérifiez comment la chaise haute s'adapterait à la table familiale que vous utiliserez le plus souvent pour les repas avec le bébé. Le vôtre devrait être capable de s'asseoir dans sa chaise haute et manger directement de la table, comme le reste de la famille.

À mesure que votre enfant comptera moins sur le lait pour se nourrir, il aura besoin de boire plus de liquide pour éviter de se déshydrater. Essayez de limiter ses boires à l'eau et au jus de fruits non sucré, dilué. Le jus de pomme est particulièrement acide et érodera rapidement la surface des dents de votre enfant s'il n'est pas dilué à, disons, une partie de jus pour 10 parties d'eau. Quand vous remplacerez le biberon, vous vous rendrez compte que votre bébé ne boira pas à sa nouvelle tasse d'apprentissage. Ce n'est qu'une question d'apprentissage à tâtons jusqu'à ce que vous trouviez le style de tasse, avec le bon écoulement de liquide, qui satisfera votre bébé.

Le récit de Richard

Quand notre fils a commencé à se nourrir seul, j'ai été choqué en revenant du travail de trouver le garçon littéralement baigné de sauce, avec de la nourriture tout autour sur le plancher, la table et sur mon épouse. Je n'arrêtais pas de lui reprocher d'aggraver la situation avec la nourriture dégoulinante qu'elle lui donnait, mais elle disait qu'il devait essayer des choses différentes.

Le jour où il a eu son premier bol de spaghetti, il l'a mangé avec les mains, faisant pendiller les nouilles au-dessus de sa tête et essayant d'en attraper les bouts avec sa bouche. Tout son visage était couvert de sauce tomate et je pouvais difficilement le reconnaître à travers la perruque de nouilles collées à son front. Cependant, mon fils, qui était alors profondément concentré sur des fraises, adorait visiblement chaque minute. C'était hilarant. En y repensant par après, j'ai réalisé que je n'avais qu'à me détendre. Mon épouse avait raison – il devait explorer la nourriture. Une fois relaxé, le nourrir la fin de semaine est devenu quelque chose à se rappeler, tout comme ce devrait être avec n'importe quel bon repas.

Amuser votre bébé

Chaque mois, vous verrez de gros changements dans l'étendue des habiletés de votre enfant et de ce qu'il trouve intéressant. Sa vue est limitée au début, mais les objets vivement colorés aideront à l'occuper dans son lit d'enfant et un mobile est toujours une bonne idée. Comme les nouveau-nés réagissent particulièrement aux objets rouges et noirs, essayez donc de trouver des jouets appropriés qui combinent ces couleurs.

La vie est une expérience constante d'apprentissage pour votre bébé et chaque fois qu'il fera un bruit ou un mouvement nouveau, qu'il verra quelque chose sous un angle différent ou dans un usage différent ou qu'il entendra de nouveaux sons ou de nouvelles voix, ce sera une source de fascination pour lui. Plus vous pouvez stimuler son intérêt et lui permettre de voir et de sentir différentes choses, plus vite il développera ses habiletés. Toutefois, du même coup, trop de plaisir et d'activités peuvent tout bonnement le surmener.

Il est peu nécessaire de dépenser pour des jouets chers quand votre bébé est jeune parce que son attention est de courte durée et que son l'intérêt s'émoussera vite. Les objets ménagers communs peuvent être tout aussi amusants. De même, les trucs les plus simples que vous pouvez imaginer pour lui, comme faire rouler un ballon, peuvent le laisser pétrifié. Si vous ou d'autres vous voulez acheter des objets particuliers, les jouets interactifs sont ceux qui durent le plus longtemps, avec beaucoup de bruits et de pièces qui bougent pour garder l'intérêt du bébé et l'aider à développer de nouvelles habiletés. Néanmoins, vérifiez toujours s'il y a des parties détachables qui peuvent poser des risques d'étouffement et évitez tout ce qui est trop petit et qui pourrait être avalé ou se coincer dans sa gorge – une fois qu'un bébé est capable de ramasser les choses et les mettre dans sa bouche, il le fera constamment!

DES JEUX SIMPLES

Il y a de nombreux jeux simples auxquels vous pouvez jouer avec votre bébé, qui vous procureront beaucoup de plaisir à tous les deux tout en aidant à développer du même coup ses habiletés de langage, de vision, de mémoire et de coordination. Les bébés adorent la répétition et, donc, faire des grimaces, chanter des chansons et des comptines et faire coucou avec vos mains le divertiront à coup sûr. Combiné à des chatouilles à la fin de chaque action ou refrain, il arrivera difficilement à se contenir en attendant l'inévitable finale. Encouragez-le à mimer vos actions et vos bruits – l'habileté à le faire est un signe important du développement de son intelligence. Les bruits d'animaux sont excellents en ce sens parce qu'il peut faire un lien avec le bruit de votre imitation et les images dans un livre. Et n'oubliez pas de lui faire la lecture. Tout jeune, votre bébé aimera entendre le rythme de votre voix et regardera les images parce que chaque page lui offre une nouvelle expérience.

Rampe pour l'attraper – Vers l'âge de six mois, la plupart des bébés aiment être étendus sur le ventre. Ils peuvent se pousser vers le haut avec leurs bras et

déplacer leur poids pour s'étirer et attraper des jouets. Essayez de placer un jouet préféré juste hors de sa portée et regardez-le essayer de l'attraper!

Un panier rempli de jouets – Comme les bébés ont de courtes périodes d'attention, un grand nombre de jouets simples, plutôt que quelques jouets chers, est donc préférable. Les bébés aiment aussi mettre des objets dans des contenants et les en sortir.

Les jouets interactifs – Une fois que votre enfant aura développé une certaine dextérité, il aimera associer des formes, pousser des boutons, actionner des leviers et imiter les actions des adultes autour de lui.

Les jouets polyvalents – Plusieurs jouets peuvent être utilisés de plus d'une façon. Des bobines, par exemple, peuvent être placées l'une sur l'autre ou enfilées sur une corde et tirées.

Créez vos propres jeux – Quelque chose d'aussi simple qu'un morceau de tissu ou une plume peut retenir l'attention de votre bébé et lui enseigner les textures et la flexibilité, tout autant que renforcer sa coordination mains-yeux.

Des jouets suspendus – Plusieurs sièges et matelas intègrent des jouets colorés qui pendillent. Votre bébé sera attiré par eux et voudra les atteindre. Ils lui permettront de faire de l'exercice tout en lui procurant une stimulation visuelle.

PARLONS DE... | LA QUESTION DES GÂTERIES

Les vies actives que nous menons de nos jours impliquent que nous utilisions souvent des raccourcis pour répondre aux besoins de nos enfants. Ce pourrait être votre conjointe qui achète régulièrement des bonbons et des petits jouets pour occuper votre enfant pendant qu'elle s'affaire. Ou ce pourrait être vous rentrant à la maison avec un énorme ourson en peluche parce que vous vous sentez coupable de ne pas passer assez de temps avec lui. Cependant, votre enfant peut devenir de plus en plus exigeant et vous commencerez à réaliser que vous êtes en train de le «gâter». Dans ces circonstances, il est facile d'oublier que le cadeau le plus important que vous puissiez donner à votre enfant, et celui qu'il estimera le plus est votre temps. Votre conjointe et vous avez besoin de revoir ce que vous donnez à votre enfant en guise de cadeaux matériels et de qualité de temps. Convenez de limites et durcissez votre régime si nécessaire, afin que les petits extra soient vraiment de petits extra. Vous pourriez devoir opposer votre veto à certains caprices au début, mais les résultats à long terme en vaudront la peine. Une autre bonne idée, c'est de faire la rotation des jouets de votre enfant; cachez-en certains pour les réintroduire au bout d'un mois ou plus.

Protéger votre bébé

Jusqu'à ce que votre enfant commence à se traîner, la sécurité dans la maison ne couronne probablement pas votre liste de priorités. Cependant, c'est une bonne idée d'aborder les problèmes de sécurité en général dès que possible. Par exemple, il peut maintenant être temps d'installer finalement le détecteur de fumée que vous planifiez depuis des années.

Lorsque votre bébé commence à s'asseoir, à rouler, à se traîner, à marcher et à grimper, à chaque étape vous devrez complètement repenser vos stratégies de sécurité à domicile. Plus vous en faites avant que votre enfant devienne mobile donc exigeant une attention constante, mieux ce sera.

Un truc général qu'il est bon de se rappeler, c'est de se méfier des réactions en chaîne qui peuvent transformer une situation apparemment sécuritaire en une situation dangereuse. Par exemple, un breuvage chaud laissé au centre de la table de cuisine peut devenir dangereux si votre bébé saisit le bord de la nappe et tire fort.

Ce ne sont pas seulement les bébés qui rampent qui transformeront votre maison en champ de mines. Plusieurs enfants rouleront avant de ramper et le feront étonnamment vite avec un peu de pratique. Cela signifie qu'ils peuvent rouler dans

Le récit de David

On était à trois jours de son baptême et j'étais assis sur le divan, à la maison, en train de parler au prêtre au téléphone, pour vérifier les derniers détails de la cérémonie. Ma fille avait six mois et ne se traînait pas encore, mais pouvait se déplacer en roulant sur elle-même. Elle dormait sur le divan à côté de moi. Pendant que je parlais, elle s'est réveillée et a roulé en bas du divan, atterrissant tête première sur le plancher de bois. J'étais horrifié et je l'ai ramassée pour voir une bosse de la taille d'un œuf grossir rapidement sur son front. Heureusement, le cabinet de notre médecin était à seulement quelques minutes et je m'y suis précipité. Quand nous avons pu voir le médecin, ma fille semblait bien, malgré sa bosse. Le médecin m'a demandé si elle avait été inconsciente ou si elle avait vomi et si j'avais été capable de la distraire pour l'empêcher de pleurer avec quelque chose qui, habituellement, retiendrait son attention. Les réponses furent non, non, oui. Tout à coup, ça ne semblait plus si sérieux. Il a conseillé de la surveiller durant la nuit, mais qu'il n'y aurait probablement aucun problème. Il était bon que la bosse soit visible – il a dit qu'il valait mieux qu'elle soit à l'extérieur du crâne qu'à l'intérieur. Lorsque j'ai raconté à mon épouse ce qui était arrivé, elle ne s'est pas troublée. Elle était beaucoup plus habituée aux bosses et aux meurtrissures quotidiennes d'une vie de bébé. Cela dit, elle n'était pas très heureuse que l'accident soit immortalisé sur les photos du baptême de notre fille.

MESURES DE SÉCURITÉ GÉNÉRALES

- Ne tenez pas de boissons ou d'aliments chauds quand vous tenez un bébé.
- Ne laissez pas votre bébé seul avec d'autres enfants – des accidents arrivent.
- Ne laissez pas même votre animal dans lequel vous avez le plus confiance seul avec votre enfant.
- Ne laissez pas votre bébé sans surveillance sur toute surface plus haute que le plancher.
- Ne laissez pas votre bébé seul dans le bain.

des choses comme les pattes de table et les déstabiliser, frappant des objets qu'ils font tomber sur eux. Ils sont aussi rapides à tirer sur les cordons électriques et à se coincer les doigts à répétition dans les prises de courant. Bien sûr, il est impossible de garder les planchers nets avec un bébé et il trouvera toujours un objet assez petit pour s'étouffer et il se le fourrera dans la bouche. Les restes de nourriture sont avalés aussi vite, chacun contenant juste assez de bactéries dangereuses pour causer des maux d'estomac. Les petits objets durs laissés sur le plancher peuvent être très douloureux quand le bébé y roule sa cage thoracique. Pendant qu'il roule, il ne peut manquer de se cogner la tête sur les meubles ou les accessoires au niveau du plancher et probablement se brûler aussi bien quand il roulera contre le bout d'un radiateur. Toutefois, bien sûr, le vrai danger se présente quand il aperçoit la cage d'escalier ouverte et qu'il commence à rouler vers elle…

Tous les risques qui entrent en jeu quand votre bébé commence à rouler s'appliquent aussi au bébé qui rampe, sauf que celui-ci est plus fort, plus rapide et qu'il a une plus grande portée. Les bébés qui rampent requièrent la vigilance constante d'un adulte jusqu'à ce qu'ils aient appris à marcher. Ensuite, ils exigent la vigilance constante de deux adultes.

Choisir et installer une barrière de sécurité pour enfant

Si vous avez un escalier dans la maison, une barrière de sécurité est alors nécessaire au sommet comme à la base. Vous commencerez d'abord à essayer vaillamment d'en trouver une qui se marie à votre décor. Vous échouerez et vous serez finalement de retour avec le modèle le plus économique.

Cela ne pose pas de problème parce qu'elles remplissent toutes la même fonction. Toutefois, le problème survient lorsque vous tentez d'installer la barrière. Comme c'est pratiquement impossible, assurez-vous de disposer de plusieurs heures devant vous. Si vous avez opté pour la solution « facile » d'une barrière qui se maintient en place d'elle-même à l'aide de ressorts, l'inconvénient vient de ce que la tige qui longe le bas du cadre vous fera trébucher chaque fois que vous l'emprunterez. Une solution de rechange valable aux barrières classiques en métal ou en bois est la barrière en tissu, qui s'enroule comme un store, qui est très polyvalente et résistante, quoiqu'un peu bizarre à ouvrir et à refermer. Bonne chance !

ZONES DE DANGER POUR UN BÉBÉ QUI RAMPE

Les tables – Vérifiez les tables pour vous assurer qu'elles sont stables et évitez de vous servir de nappes, qui peuvent être tirées par votre bébé.

Les feux – Servez-vous d'un pare-feu, de préférence un modèle qui ne devient pas chaud.

Les planchers durs – Adoucissez leur surface à l'aide de tapis antidérapants. Vérifiez qu'il n'y ait pas de clous ni d'échardes qui dépassent.

La cuisine – Idéalement, gardez votre bébé à l'extérieur de la cuisine. À titre de précaution, vérifiez ce que votre bébé peut atteindre. Fixez des attaches aux armoires et aux tiroirs ou retirez-en les articles dangereux.

Les portes – Vérifiez où se trouve votre bébé avant d'ouvrir ou de fermer une porte. Si vous voulez garder une porte ouverte, utilisez un arrêt de porte pour la garder en place.

Les escaliers – Vous avez besoin d'une barrière de sécurité pour empêcher votre bébé de monter tout autant que pour l'empêcher de débouler l'escalier.

Les plantes – Plusieurs plantes d'intérieur et de jardins communes sont toxiques. Les bébés mangeront aussi de la terre et renverseront les pots.

Les toilettes – Gardez les toilettes propres, la brosse à toilette hors de sa portée et, idéalement, gardez la porte de la salle de bain fermée.

5

Comment je m'en sors quand il pleure?

Comprendre les pleurs

Avant que votre conjointe soit enceinte (si vos souvenirs remontent aussi loin), il est probable que la première chose à laquelle vous pensiez quand quelqu'un parlait de bébés était le son des pleurs. C'était ce bruit infernal que vous connaissiez si bien, provenant de bébés irritants et de parents sans scrupule qui conspiraient à créer ces cris perçants à vous tourner les sangs dans les transports publics, les restaurants et les magasins et à ces horribles réunions de famille que vous attendiez chaque année.

Avec le recul, peut-être auriez-vous pu montrer un petit peu plus de compréhension? Le bébé avait probablement une bonne raison de pleurer; peut-être avait-il faim, avait-il mal ou était-il fatigué. Les parents auraient certainement eu envie de pleurer, parce qu'ils avaient probablement tout essayé ce qui leur venait à l'esprit pour calmer leur bébé. Ce pouvait être pénible à entendre mais, au moins, vous, vous pouviez simplement vous éloigner. Plus maintenant.

AUCUNE RAISON APPARENTE?

La plupart des bébés traversent des périodes difficiles chaque jour (souvent au même moment chaque jour) que rien de ce que vous pouvez faire ne semble soulager. Les choses à essayer sont de faire jouer de la musique douce, une promenade rapide à l'air pur ou une promenade en voiture. Si votre bébé pleure de façon inconsolable en début de soirée, et qu'il est âgé de 3 à 14 semaines, il peut souffrir de coliques. Si vous pensez que ce ne sont pas des coliques et que rien d'autre ne «fonctionne», vous devriez en parler à votre médecin ou à l'infirmière du CLSC.

Pourquoi les bébés pleurent-ils?

Le bébé moyen pleure pendant un total d'une heure environ par 24 heures, pour diverses raisons, de jour comme de nuit. Souvent, les périodes de pleurs changeront et vous pourrez penser parfois que votre bébé pleure plus qu'auparavant, tandis que, en fait, il pleure pendant la même durée au total, ce n'est qu'un nouveau schéma.

Pleurer est le moyen de communication principal d'un bébé. Ce n'est pas sa seule façon de communiquer, parce qu'il possède déjà les éléments du langage corporel et une gamme d'expressions faciales pour vous indiquer subtilement ses sentiments et ses besoins. Toutefois, il n'y a rien de subtil dans un bébé qui pleure. Les pleurs de votre bébé sont la façon dont la nature s'assure qu'il recevra ce dont il a besoin pour survivre. Il demande quelque chose. Ce pourrait être qu'il a besoin de nourriture, de boire, qu'on le soulage d'un mal ou de quelqu'un pour jouer avec lui. Ce qu'il n'essaie sûrement pas de faire, c'est de vous embêter. Il fait seulement ce que son corps lui dit qu'il est nécessaire de faire. Certaines personnes réduiront les pleurs du bébé à une façon d'attirer l'attention. Mais de quelle autre manière un bébé peut-il faire connaître ses besoins, même si «ce n'est que» de l'ennui ou de la solitude, sans essayer d'attirer l'attention de son parent? Un adulte qui s'ennuie ou qui se sent seul essaiera de faire quelque chose pour changer la situation – pourquoi pas votre bébé?

Donc, il n'y a aucune issue de secours: votre bébé passera une quantité raisonnable de temps à pleurer chaque jour. La meilleure façon de diminuer l'impact sur la santé de votre ménage est d'essayer de vous mettre à l'écoute de votre bébé comme d'un individu. Après un certain temps, vous devriez être capable de reconnaître les différents types de pleur que produit votre bébé selon ses besoins. Par exemple, des pleurs aigus suggéreraient la douleur, alors que des pleurs bas et grognons signifieraient qu'il s'ennuie. Plus vite vous reconnaîtrez ce qu'il demande, plus vite vous pourrez le satisfaire et mettre fin aux pleurs.

Bien sûr, il est préférable que vous puissiez apprendre à prévoir ses besoins avant qu'il commence à pleurer, en essayant de savoir comment il réagira à certaines situations et à certains stimulants, en observant ses schémas de comportements ou en reconnaissant son langage corporel alors qu'il connaît un autre accès de pleurs.

La malédiction des coliques

C'est déjà assez éprouvant que votre nouveau-né ait besoin de pleurer pendant une heure par jour. Qu'est-ce que ce serait s'il devait pleurer pendant au moins trois heures par jour, pendant trois jours ou plus par semaine, sur une période de trois semaines ou plus ? C'est la définition officielle des coliques pour des bébés qui, autrement, sont bien nourris et en santé. Cet état mystérieux n'a aucune cause connue ni aucun remède éprouvé, mais elle affecte entre 10 et 20 % des bébés et peut rendre les parents fous.

Plusieurs théories ont été proposées, mais aucune n'a déterminé une cause unique, et cela pourrait bien être parce qu'il y a une variété de facteurs différents qui déclenchent ces longues périodes de pleurs quotidiens. La définition précise des coliques, telle qu'énoncée dans les années 1950, réfère à des périodes d'irritabilité, de dérangements et de pleurs. Habituellement, cela se produit tard l'après-midi et tôt en soirée, juste au moment où chacun est fatigué et stressé et que la maisonnée se prépare pour le repas et le sommeil.

Si vous êtes au travail toute la journée et que votre épouse prend soin du bébé, alors elle aura évidemment besoin de beaucoup de soutien additionnel. Faites ce que vous pouvez pour prendre des mesures afin qu'elle puisse dormir autant que possible ; prenez soin de votre bébé la fin de semaine afin que votre conjointe puisse sortir de la maison ; assurez-vous qu'elle a des amis et de la famille à rencontrer ou avec qui parler durant la journée ; engagez une gardienne pour relâcher la pression et prenez un congé du travail aussi souvent que possible quand la situation se détériore particulièrement.

La lumière au bout du tunnel vient de ce que les coliques cessent habituellement au cours des trois mois suivant la naissance, souvent abruptement. Pour ceux qui les subissent, le bébé au premier chef, les coliques sont une période très difficile. Toutefois, ils n'ont pas d'effets négatifs à long terme sur l'enfant et leur côté positif, c'est que cela peut rapprocher une famille. Sûrement, vous développez une compréhension approfondie des

Le récit de Paul

Notre fille a souffert de coliques à peu près depuis le jour où elle a pris son premier repas et elle pleure habituellement pendant trois heures par jour, tard l'après-midi ou tôt en soirée. Elle vient d'avoir six mois – selon plusieurs livres, parents et infirmières puéricultrices, c'est le point tournant où elle arrêtera soudain de pleurer. Malheureusement, personne ne lui a expliqué cela.

Les coliques engendrent beaucoup de douleur – je parle de moi. J'ai essayé le traitement de la voix grave, le ton mâle sévère pour lui faire réaliser soudainement que je suis le patron, mais cela a fonctionné une fraction de seconde, le temps qu'elle me regarde d'un air interrogateur et elle s'est remise à pleurer encore plus fort. Elle semble capable de trouver le ton juste pour le maximum d'inconfort, spécialement quand je dois me lever tôt pour travailler ou quand j'essaie de regarder mon émission de télévision favorite. Au moins, je m'arrange pour garder mon sens de l'humour… jusqu'à maintenant.

LES CAUSES POSSIBLES DES PLEURS PERSISTANTS

Les coliques commencent habituellement vers l'âge de deux semaines et un large éventail de causes potentielles ont été identifiées, quoique aucune n'ait été prouvée. Lorsque vous aurez écarté toutes les raisons habituelles pour lesquelles votre bébé pleure, travaillez avec la liste qui suit et voyez s'il y a quoi que ce soit qui éveille vos soupçons. Plusieurs de ces conditions exigeront l'avis d'un médecin avant de tenter de soulager les symptômes et c'est toujours une bonne idée de demander un avis médical juste au cas où les pleurs résulteraient d'une maladie sérieuse latente.

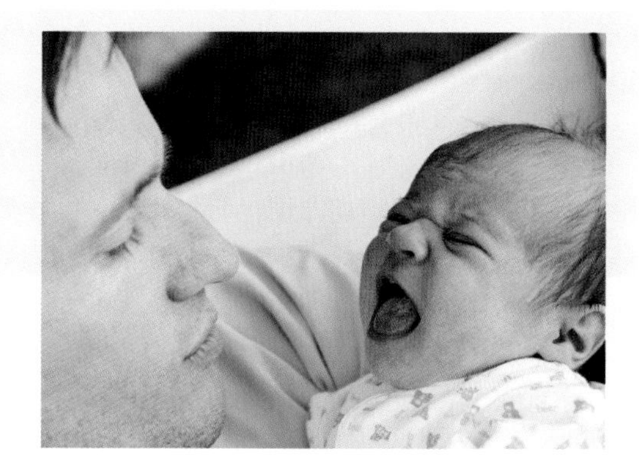

Système digestif immature – Une théorie veut que le système intestinal de votre bébé ne soit pas encore complètement développé, causant des douleurs abdominales. Un bébé qui a des coliques repliera souvent ses jambes sur son ventre quand il pleure.

Système nerveux immature – Une autre suggère que le système nerveux de votre bébé est encore en développement et qu'il ne peut pas encore supporter les bruits forts, les lumières éblouissantes ou même le stress et les sons en général de la vie se déroulant autour de lui.

Le lait de vache – On a découvert que certains bébés ne tolèrent pas le lait de vache et les produits dérivés, comme le fromage. Cela peut même les affecter par l'entremise du lait maternel, si leur mère a absorbé le produit.

Une infection – Votre bébé peut très bien souffrir du muguet, d'un rhume ou d'une infection de l'oreille, par exemple, lui causant de la douleur et un malaise.

Des problèmes prénataux – Certains bébés viennent au monde avec une hernie, d'autres avec les hanches disloquées. La tête du bébé étroitement pressée lors de la naissance peut aussi entraîner de douloureux problèmes au crâne.

Un excès de lactose – Quand un bébé ne s'accroche pas correctement au sein, cela peut conduire à une suralimentation. L'excès de lactose qu'il absorbe dans le lait passe éventuellement dans l'intestin, attirant des sécrétions et causant la fermentation de bactéries, lesquelles, à leur tour, produisent des gaz, des selles molles et des maux d'estomac.

Un stress chez la mère enceinte – Des recherches ont démontré que les bébés, dont les mères ont été stressées par des évènements traumatiques pendant la grossesse, peuvent être plus sujets à souffrir de coliques à la naissance.

Une naissance difficile – Une naissance problématique qui requiert l'aide de forceps, par exemple, est souvent citée comme une raison pour laquelle un bébé pleure plus et dort moins que les autres. Les bébés nés par césarienne semblent généralement plus détendus, n'ayant pas vécu l'expérience de la pression dans le col de l'utérus.

Le récit de Jean

J'ai toujours trouvé que chanter des chansons est une excellente façon de calmer mes enfants, spécialement quand ils se réveillent en pleurant la nuit ou quand j'ai de la difficulté à les endormir. Je ne connais en réalité aucune berceuse homologuée ; aussi, ai-je dû fouiller dans mes souvenirs d'enfance pour des hymnes et des comptines avec mon premier bébé. *La chanson de Noël* était la seule dont je connaissais toutes les paroles, mais cela ne semblait pas avoir d'importance parce que les bébés aiment qu'on répète – entendre quelque chose qu'ils reconnaissent les fait se sentir en sécurité. Souvent, les premiers mots d'une chanson suffisaient pour que mon fils arrête de pleurer. C'était comme si j'avais eu le mot de passe qu'il avait besoin d'entendre avant de pouvoir de nouveau se détendre et se rendormir.

besoins personnels de votre bébé, ayant investi autant de temps à essayer de comprendre pourquoi il est en détresse. Et votre enfant peut en réalité bénéficier dans son développement de tout cet amour et toute cette attention supplémentaires qu'il aura reçus pendant cette période douloureuse par ailleurs.

Soulager votre bébé qui pleure

Il est important que vous répondiez aux pleurs de votre jeune bébé en moins de quelques minutes. Plus longtemps vous le laissez pleurer, plus il sera en détresse, rendant encore plus difficile l'identification de la source originale de son anxiété. Il y a plusieurs raisons pour lesquelles un bébé peut avoir besoin de pleurer, tout comme nous faisons l'expérience d'une vaste gamme de sentiments et de stimulants qui nous amènent à nous conduire comme nous le faisons.

Les bébés dont les pleurs sont ignorés deviennent non réceptifs en vieillissant. Vous ne gâterez pas votre bébé en répondant à ses pleurs, mais vous lui ferez comprendre que ses besoins sont importants pour vous et qu'ils seront satisfaits.

Contrôler vos émotions

C'est le plus difficile. Comment demeurer calme quand tout semble s'effondrer autour de vous ? Votre conjointe est épuisée et en larmes après une dure journée à s'occuper de votre bébé. Vous dormez presque debout, ayant mal dormi la nuit précédente, et c'était une rude journée au bureau. Vous essayez maintenant de mettre votre fille au lit, mais elle ne veut tout simplement pas dormir. Vous marchez autour de la pièce en lui chantant des chansons mais, chaque fois qu'elle semble s'assoupir et que vous vous penchez pour la déposer dans son lit, elle se réveille de nouveau et recommence à pleurer. Vous commencez à croire qu'elle essaie délibérément de vous choquer – et ça marche. Évidemment, votre bébé n'essaie pas consciemment de vous rendre la vie difficile, il ne fait probablement que demander de l'aide pour dormir. Et, tout au fond, vous le savez mais, en ce moment, vous vous en fichez.

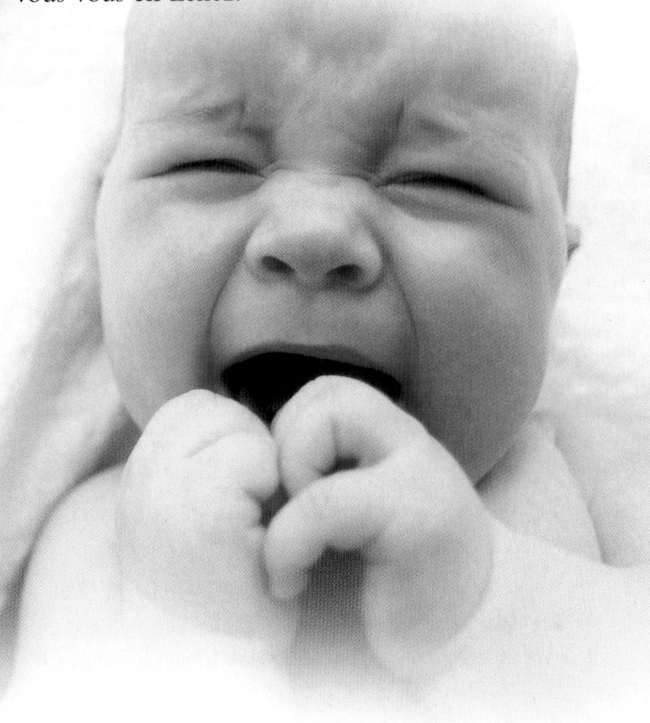

Il n'y a pas moyen d'ignorer que le comportement de votre bébé vous rendra, votre conjointe et vous, par moments très en colère. Néanmoins, c'est une réaction normale et il n'y a aucune gêne à se sentir ainsi, ou à avoir des sentiments violents, tant que vous êtes capable de contrôler vos émotions et de diriger votre colère loin de votre enfant.

La première chose à faire est de reconnaître votre colère, parce que c'est seulement ainsi que vous l'utiliser de façon constructive. Lorsque vous avez trouvé précisément ce qui déclenche cette réaction et quand elle est le plus susceptible de se manifester, vous pouvez développer des stratégies pour y faire face et les mettre en action.

Essentiellement, quand vous êtes confronté à des situations provocantes, vous devez trouver un moyen mental ou physique de relâcher la tension qui augmente dans votre for intérieur, avant que cela ne génère une explosion. Idéalement, vous aurez pensé à ces mécanismes à l'avance, afin que vous puissiez passer à un centre d'intérêt mental ou physique complètement différent dès que vous en sentirez le besoin. Ainsi, avant de mettre votre bébé au lit, ayez en tête un problème qui vous tracasse dans un domaine de votre vie sans lien avec ce que vous faites, auquel vous pouvez penser pour taire le bruit des pleurs. Sinon, choisissez une chanson favorite à interpréter – fort ou dans votre tête – et monter sur scène quand le chemin devient cahoteux.

Pour relâcher physiquement la tension, vous pourriez donner des coups de poing dans un coussin ou sortir de la pièce et faire quelques exercices ou, simplement, aller marcher quelques minutes.

Vous pourriez essayer aussi des techniques de relaxation. Par exemple, debout bien droit, prenez une profonde inspiration. Expirez longuement, jusqu'à ce qu'il n'y ait plus d'air à l'intérieur de vous. Lentement, relâchez vos épaules en même temps que l'air sort de vous. Puis, sans inspirer, expirez de nouveau, relâchant encore plus vos épaules, jusqu'à ce que vous sentiez que vos poumons sont vides. Répétez cet exercice quelques fois, et vous devriez sentir la tension relâcher le haut de votre corps.

■ LES MEILLEURS TRUCS

Voyez le côté amusant des choses

Le secret pour contrôler vos émotions est d'être capable de détourner vos pensées vers quelque chose de complètement différent avant de perdre le contrôle. Votre sens de l'humour peut vous procurer un remède immédiat pendant les situations difficiles.

Racontez-vous une blague – Ayez toujours en tête une blague favorite, ou votre scène de film la plus drôle, ou la chose la plus drôle qui ne vous soit jamais arrivée, afin que vous puissiez vous y brancher quand le chemin est rude et qu'il modifie complètement votre humeur.

Faites des grimaces – Vous savez, bien sûr, que votre bébé n'est pas votre ennemi, mais, quand son comportement commence vraiment à vous irriter, imaginez-vous à l'école en train de lui faire des grimaces. C'est une partie de plaisir inoffensive qui brise la tension et est étonnamment thérapeutique – qui sait, le truc pourrait même faire rire votre enfant!

La chose essentielle pour contrôler vos émotions est de nettoyer votre esprit après chaque évènement stressant. Si vous laissez votre colère s'envenimer, la prochaine fois que vous devrez affronter une situation difficile, votre niveau de stress sera déjà dangereusement élevé. Donc, si votre fille se réveille à toutes les heures pendant la soirée, prévoyez quelque chose qui saura relâcher la pression définitivement à chaque période entre vos visites à sa chambre. Et assurez-vous de placer votre repas du soir immédiatement après un de ces épisodes d'éveil; ainsi, vous ne vous assoirez pas devant votre souper une heure plus tard, juste au moment où les pleurs recommencent.

6

La question du sommeil

Le lit et votre bébé

Autrefois, la vie était bien différente. Avant les couches et les biberons, vous pouviez ni plus ni moins prendre le sommeil comme allant de soi. Vous pouviez vous coucher aussi tard que vous le désiriez, assuré que vous étiez de vous rattraper la nuit suivante ou pendant la fin de semaine. Et, bien sûr, vous aviez le luxe des grasses matinées les samedis et les dimanches, de prendre le déjeuner au lit, de regarder la télévision, de lire les journaux de la fin de semaine ou de seulement faire un petit somme. N'était-ce qu'un rêve?

Désormais, le sommeil est une précieuse denrée et vous devez troquer des heures avec votre conjointe dans le vain espoir d'en avoir assez pour fonctionner comme un être humain normal. Vous tombez endormi à la moindre occasion, dans les positions les plus inappropriées, tellement que même d'être assis sur la toilette vous donne une chance de récupérer – jusqu'à ce votre conjointe vous réveille en martelant la porte et vous accusant de vous «cacher».

Ne vous en faites pas. La situation du sommeil devrait s'améliorer après les trois premiers mois. Et, en attendant, votre manque de sommeil est une excellente entrée en matière quand vous rencontrez de nouveaux parents.

Choisir un lit pour votre bébé

Jusqu'à ce qu'il ait une routine régulière la nuit, vous serez capables d'amener votre bébé avec vous dans la soirée et, donc, son premier lit devrait être quelque chose de portable comme un couffin. Assurez-vous que votre panier possède une base forte et large, qu'il n'a pas de bords tranchants et qu'il est pourvu d'un matelas ferme qui s'ajuste confortablement contre les bords.

Si vous achetez un lit d'enfant, n'en achetez pas un d'occasion, parce que vous ne connaîtrez pas son histoire. Choisissez-en un dont les ouvertures entre les barreaux des côtés n'excèdent pas huit centimètres de largeur et assurez-vous qu'il vient avec un matelas bien ajusté. D'autres caractéristiques importantes sont le double déclenchement des barrières de côté, des joints et des mécanismes bien assemblés et un design simple et pratique. Évitez ceux qui ont des découpages. Si on vous donne un lit, vous devrez acheter un nouveau matelas. Le matelas devrait être ferme, recouvert de plastique et muni de coins et de côtés renforcés. Si vous achetez un matelas en mousse, assurez-vous qu'il soit de haute densité – environ 24 kg par mètre cube –, qu'il a des sections ventilées au haut et dans le milieu. Si vous choisissez un matelas à ressorts, cherchez-en un avec un minimum de 150 ressorts.

Aider à l'allaitement de nuit

À première vue, il peut sembler qu'un des grands bénéfices de l'allaitement de nuit est que seulement la femme peut le faire, exemptant ainsi le père de tous les devoirs de l'allaitement de nuit. Cependant, combien de femmes vont permettre à leur partenaire de se dégager de toute responsabilité envers le bébé lorsque les lumières sont éteintes? Et vous manqueriez aussi une autre occasion d'établir des liens avec votre bébé.

Même si votre bébé est entièrement nourri au sein, vous pouvez toutefois être d'une grande aide simplement en étant le premier hors du lit pour le prendre de son lit quand il commence à pleurer. Vous pouvez lui donner un câlin et quelques mots de réconfort pendant que votre conjointe prend une position confortable pour l'allaiter.

Si votre conjointe nourrit le bébé au lit, installez une lampe à côté d'elle afin qu'elle puisse lire pour passer le temps, mais gardez la lumière tamisée afin de ne pas déranger le bébé. Vérifiez qu'elle a tout ce qu'il lui faut pour son propre confort, autant qu'un kit de changement de couche et d'autres accessoires essentiels pour le bébé – quoique, bien sûr, vous pourriez toujours prendre en charge le changement de couche durant la nuit. L'allaitement donne soif, donc assurez-vous qu'il y a assez d'eau à boire disponible ; peut-être aimerait-elle une boisson chaude pour commencer ? A-t-elle assez de lecture facile à sa portée ? Cherchez ses magazines préférés quand vous faites les courses pour qu'elle n'en manque pas.

Après environ six semaines d'allaitement au sein, le lien mère-bébé devrait être bien établi et vous pouvez commencer à donner à votre bébé le biberon occasionnel, incluant un boire de nuit. Si votre bébé est totalement allaité au biberon, vous n'avez alors aucune excuse pour éviter l'horaire de nuit ! Même si votre conjointe décide qu'elle fera la majorité des boires de nuit, vous pouvez toutefois l'aider en préparant le mélange de lait et les biberons d'avance, tout autant que les réchauffer au besoin.

Maximiser votre sommeil

Votre bébé aura besoin de dormir dans votre chambre au moins durant les six premières semaines suivant sa naissance, afin que vous puissiez répondre rapidement à ses pleurs et assurer qu'il ne soit pas inquiet ou qu'il ne se sente pas abandonné. Inévitablement, vous devrez vous réveiller pendant la nuit pour le réconforter, mais vous ne vous attendiez pas aux bruits qu'il fait quand il dort, tels les reniflements, la toux, la respiration difficile et d'occasionnels cris aigus, qui peuvent aussi gruger votre temps de sommeil. En outre, il y a les bruits de succion qui accompagnent tout allaitement qui a lieu aux petites heures, lesquels peuvent sembler énormément amplifiés dans le calme de la nuit quand vous êtes déjà irritable et que vous trouvez difficile de vous rendormir.

LE SYNDROME DE MORT SUBITE DU NOURRISSON (SMSN)

Aussi connu sous le nom de mort au berceau, le SMSN est le cauchemar de tous les parents, mais une recherche récente a conduit à une meilleure compréhension des risques et à des mesures préventives.

Le plus important, c'est que votre bébé doit toujours être couché sur le dos, avec ses pieds touchant le pied de son lit. Fumer – pendant et après la grossesse – est un autre important facteur de risque. L'exposition à la fumée de l'un des parents double le risque que le bébé meure du SMSN. Ne laissez personne fumer dans la même pièce où se trouve votre bébé et ne faites pas brûler d'encens dans la chambre de votre enfant. Assurez-vous que la chambre soit suffisamment chauffée – entre 16° et 20°C – et utilisez plusieurs couvertures légères plutôt qu'une seule couverture lourde. Évitez les isolateurs, comme les contours de lit coussinés, les peaux de mouton et les duvets. Ne couvrez pas la tête de votre bébé et ne mettez pas d'oreiller dans son lit.

METTRE LE BÉBÉ AU LIT POUR DORMIR

1 **Éloigner doucement le bébé de votre corps** – D'une position de berceau, ouvrez doucement vos bras en les glissant de façon à ce qu'une main soutienne la tête et le cou de votre bébé pendant que l'autre soutient son derrière. Éloignez-le lentement de votre corps au-dessus d'une surface matelassée.

2 **Descendre votre bébé** – Tournez le corps de votre bébé de façon à ce qu'il soit aligné avec le vôtre. Penchez-vous près du matelas à langer ou du matelas et descendez-le lentement sur la surface, en déposant son derrière d'abord.

3 **Enlever vos mains** – Une fois qu'il a pris contact avec la surface, dégagez doucement la main qui soutient son derrière, puis descendez le haut de son corps et sa tête. Gardez sa tête bien soutenue jusqu'à ce qu'elle repose confortablement sur la surface, puis retirez délicatement votre main.

PARTAGER UN LIT AVEC VOTRE BÉBÉ

Le jury délibère encore à savoir si c'est une bonne idée que les bébés dorment dans le lit de leurs parents. On dit que les avantages sont que votre bébé se sent plus confiant et plus en sécurité, tandis que tous les trois vous développez de forts liens comme unité familiale. Par contre, il y a aussi des dangers évidents et vous devriez suivre les recommandations officielles à la lettre si vous décidez de partager un lit avec votre bébé.

- Ne le faites pas si vous êtes extrêmement fatigué, ou si vous avez pris de l'alcool ou des drogues au point de ne pas vous réveiller facilement.
- Ne placez pas votre bébé sous un édredon ou des couvertures lourdes, sous lesquels il pourrait glisser et suffoquer.
- Ne placez pas votre bébé sur le dessus d'une literie moelleuse sur laquelle il pourrait rouler et suffoquer.
- Votre conjointe ne devrait allaiter que dans une position qui lui permet de ne pas s'assoupir sur le bébé.

Les chances sont à l'effet que votre conjointe se fendra en quatre pour satisfaire les besoins du bébé et, peu importe combien elle se sentira épuisée, elle essaiera quand même de se charger d'autres travaux ménagers tout autant. Faites tout ce que vous pouvez pour l'encourager à faire des siestes dans la journée quand votre bébé dort, ou quand vous êtes présent pour la remplacer. Si elle prétend ne pas être fatiguée, suggérez-lui de s'étendre sur le lit et de fermer les yeux – si elle ne s'endort pas, c'est donc qu'elle n'est pas fatiguée.

Ces siestes sont importantes non seulement pour son bien-être, mais aussi parce que cela signifie qu'elle sera plus apte à s'en tirer avec les obligations de la nuit et vous enlèvera de la pression. Cela peut sembler égoïste mais, en fait, ce n'est que du bon travail d'équipe.

Dormir toute la nuit

Pour la majorité des bébés, dormir toute la nuit signifie dormir pendant cinq heures d'affilée. La plupart des bébés ne commencent à établir cette sorte de schéma de sommeil régulier qu'à l'âge de trois ou quatre mois et certains, plus vieux. Toutefois, les bébés nourris au biberon commenceront à dormir aussi longtemps plus jeunes.

Cela dit, il est important d'établir une routine de sommeil, ne durant pas plus de 45 minutes à une heure dans les premières semaines. Cela aidera graduellement votre bébé à reconnaître les différents moments de dormir. Lui donner un bain afin de le relaxer et de l'habiller de vêtements différents à l'heure du lit sont d'autres suggestions à essayer. Nourrissez-le sous une lumière tamisée et dans une pièce calme, et donnez-lui un câlin. Si vous le pouvez, quittez la chambre et laissez-le s'installer dans son sommeil, mais n'espérez pas que cela fonctionne chaque fois !

Si votre bébé se réveille et pleure la nuit, il est probable qu'il ait besoin de quelque chose (voir à la page 60), quoique certains parents pensent que s'ils vont toujours au-devant de leur bébé qui pleure la nuit, il n'apprendra jamais à faire ses nuits. Quand vous allez voir votre bébé, essayez de trouver le problème sans le prendre ou allumer la lumière. Caressez-le délicatement et parlez-lui calmement avant de sortir encore de la chambre sur la pointe des pieds.

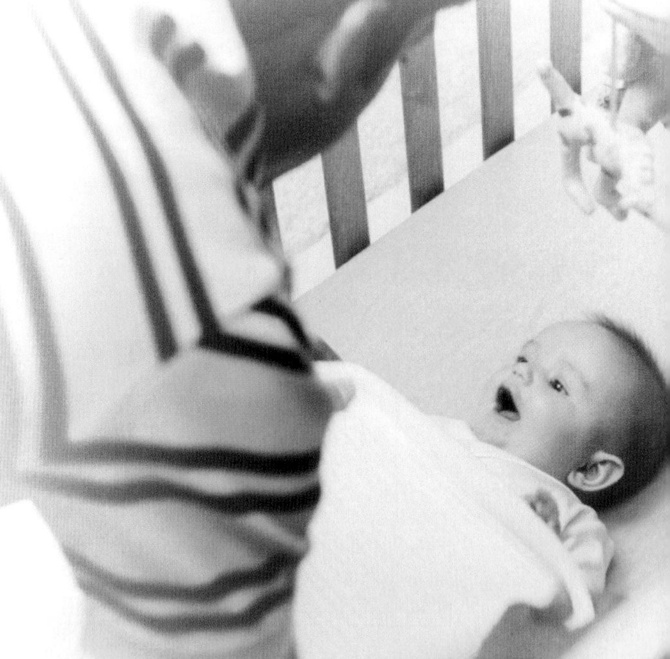

7

Sortir

Voyager avec votre bébé

Il n'est jamais trop tôt pour inclure votre bébé dans vos sorties, aussi longtemps que vous prenez certaines précautions. C'est une bonne idée d'éviter les foules et les heures de pointe quand vous pourriez être bousculés, et visez aussi à éviter les gens qui pourraient être malades.

Il n'y a pas d'âge spécial que votre bébé devrait atteindre avant que vous puissiez le sortir, aussi longtemps que vous êtes bien préparé et que votre bébé soit correctement vêtu. Puisque votre jeune bébé ne peut pas contrôler pleinement sa température corporelle, habillez-le donc toujours avec une épaisseur de vêtements de plus que vous ne porteriez dans le même environnement et vérifiez fréquemment pour être sûr qu'il n'a ni trop chaud ni trop froid.

Il est préférable de ne pas lésiner sur l'équipement essentiel de transport et de voyage parce que des produits de haute qualité devraient vous rendre la vie beaucoup plus facile quand vous transportez votre bébé et ils dureront, espérons-le, pour un autre enfant. Acheter des accessoires d'occasion comme des sièges d'auto peut être un risque pour la sécurité de l'enfant, quoique les amis et la famille soient une bonne source si vous connaissez l'histoire de l'objet et, bien sûr, si vous faites confiance à leur jugement!

Il y a toujours de nouveaux produits et des designs innovateurs mis sur le marché; donc, une fois que vous pensez savoir ce dont vous avez besoin, faites quelques recherches approfondies et demandez l'avis de détaillants spécialisés et d'autres parents avant de faire un achat.

Le porte-bébé ventral et le porte-bébé dorsal

Ceux-ci vous permettent de garder votre bébé tout près tout en vous libérant les mains. Les porte-bébés sont vendus selon l'âge ou le poids de l'enfant et la plupart vous permettent de tenir votre bébé soit près de votre poitrine, soit regardant vers l'extérieur. Assurez-vous d'en choisir un qui vous va confortablement et qui tient votre bébé de façon sécuritaire. Large, l'épaule bien coussinée et muni de sangles dans le dos qui aidera à distribuer son poids également; il devrait y avoir un rembourrage rigide pour soutenir sa tête et son cou. Voir l'encadré ci-contre pour des conseils sur l'utilisation d'un porte-bébé.

Les porte-bébés pour bébés plus vieux sont fondamentalement des sacs à dos décapotables, spécialement conçus pour inclure un siège dans le cadre. Votre bébé peut s'asseoir haut placé et regarder le spectacle du monde depuis une intéressante position avantageuse. Cela rend la marche à la campagne plus facile parce que vous n'avez plus à vous en faire sur le fait d'avoir à vous débattre en descendant des

Suivez les instructions du manufacturier pour attacher les sangles et les boucles. Quand vous vous sentez à l'aise et que le porte-bébé est sécuritaire, prenez votre bébé. Assoyez-vous confortablement sur une chaise et ouvrez le porte-bébé. En le tenant sous les aisselles, levez-le lentement et mettez-le dans le porte-bébé. Une fois qu'il est confortablement assis, vérifiez que son poids est supporté également et ajustez les sangles en conséquence. Quand vous êtes prêt à sortir votre bébé du porte-bébé, assurez-vous d'abord que vous êtes tous les deux en un lieu sécuritaire. Comme auparavant, assoyez-vous sur une chaise, relâchez les sangles, puis penchez-vous vers l'avant tout en levant votre bébé pour l'extraire. Couchez-le dans son lit ou sur un matelas à langer et retirez le porte-bébé.

pistes raboteuses avec la poussette. Du moment que vous en achetez un de bonne qualité, le porte-bébé dorsal devrait être confortable à porter et il facilitera le développement de vos pectoraux – surtout certains porte-bébé qui peuvent accommoder des enfants pesants jusqu'à 22 kg! Assurez-vous que le vôtre est muni d'un pare-soleil parce que votre bébé aura droit à une exposition additionnelle là-haut. Vous pouvez utiliser un miroir à main pour vérifier ce que fait votre bébé.

Choisir une poussette

Votre poussette sera l'un des achats les plus importants que votre partenaire et vous ferez parce que, dans un proche avenir vous l'amènerez partout avec vous. Donc, choisissez-en une qui convient à vos physiques et à votre mode de vie, tout autant qu'aux besoins de votre enfant.

La première chose à vérifier, c'est que votre nouveau-né puisse se coucher à plat confortablement dans la poussette. Cela est nécessaire, parce que l'asseoir pendant trop longtemps nuira au développement de sa colonne vertébrale. Votre confort doit aussi être pris en compte; ainsi, la hauteur et le positionnement du guidon sont importants, tout autant que le poids et la maniabilité de la poussette. Si vous vivez dans un quartier où il y a des sentiers cahoteux ou de nombreuses côtes, vous pourriez considérer des pneus gonflés plutôt que des pneus pleins; cependant, vous devrez aussi investir dans une trousse de réparation. Vérifiez combien il est facile de plier la poussette, spécialement si vous prévoyez utiliser les transports en commun. Entrera-t-elle dans le coffre de votre auto ou passera-t-elle dans la porte d'entrée de votre domicile? Où la rangerez-vous quand elle ne servira pas? Le point important, c'est de magasiner, demander à voir des démonstrations et d'avoir manœuvré un peu chacune des poussettes.

Le voyage en auto

Vous devrez acheter plusieurs sièges d'auto pendant les premières années de vie de votre enfant, et les choisir correctement est vital sous l'angle de la sécurité.

Il y a des normes légales auxquelles tous les manufacturiers doivent se conformer et, par conséquent, le problème pour vous est de trouver le siège qui conviendra le mieux à votre voiture. Il doit s'emboîter parfaitement dans le siège avec le minimum de mouvements latéraux, mais il doit être facile à installer et à enlever. Comme pour le choix d'une poussette, une démonstration est toujours utile et certains magasins installeront réellement la chaise pour vous.

Si votre bébé est né à l'hôpital, vous aurez besoin d'un siège d'auto pour le ramener à la maison. Ce premier achat sera un siège portable orienté face vers l'arrière du véhicule et qui peut être enlevé de l'auto et utilisé comme porte-bébé, chaise ou berceuse, ou un siège qui vient comme élément d'une poussette polyvalente. Les bébés devraient rouler en voiture dans ces sièges orientés vers l'arrière aussi longtemps que possible et au moins jusqu'à l'âge de 9 à 12 mois. N'installez jamais un siège de bébé orienté vers l'arrière sur le siège du passager avant. Si votre véhicule est doté de sacs gonflables latéraux, consultez la fiche de renseignements de Transports Canada intitulée *Comment protéger les enfants dans les véhicules équipés de sacs gonflables latéraux*.

Un jeune bébé ne devrait pas passer de longues périodes endormi, écrasé dans son premier siège de voyage ; par contre, un siège d'auto est excellent pour une sieste dans l'auto après le dîner ou pour amener votre bébé rapidement dans un restaurant, puis retourner à l'auto avant qu'il ne s'éveille !

Quand votre bébé aura neuf mois environ, vous aurez besoin d'un nouveau siège d'auto. Celui-ci sera orienté vers l'avant et devrait suffire jusqu'à l'âge de quatre ans. La meilleure façon de décider si votre enfant est prêt à changer de siège est de comparer le poids de votre bébé avec le poids des instructions du manufacturier.

Nourrir en route

Un des nombreux bénéfices de l'allaitement au sein est qu'il est beaucoup plus facile de nourrir votre bébé quand vous voyagez, comparé à tous les accessoires supplémentaires et les tracas qu'exige l'allaitement de votre bébé au biberon. Le lait de votre conjointe est toujours prêt et toujours à la bonne température. Et le confort de l'allaitement peut réduire le stress de votre bébé, causé par des lieux différents. Souvent, votre bébé dormira tout le temps d'un voyage, donc essayez de voyager pendant ses siestes habituelles et tirez-en le meilleur parti.

VOTRE ENSEMBLE DE VOYAGE ESSENTIEL

- Matelas à langer, couches et sacs à couches.
- Lingettes.
- Crème solaire selon la température.
- Biberon / boîte de lait préparé (si le bébé n'est pas nourri au sein).
- Eau ou jus dans un biberon (pour les bébés plus vieux).
- Nourriture pour bébé, bol, cuillère et bavoir (s'il est sevré).
- Vêtements de rechange.
- Chapeau. (En été, un qui soit doté d'un large bord pour le protéger des coups de soleil ; en hiver, un chapeau chaud pour prévenir les pertes de chaleur.)

PARLONS DE... LA QUESTION DES SORTIES POSSIBLES

Le temps de vous retrouver à la fin de la semaine, votre conjointe et vous aurez une série de courses à caser durant ces deux précieux jours, et vous pouvez aussi tenir à donner à votre bébé le meilleur jour de sortie possible – tout autant que trouver, pour vous-mêmes, du temps pour relaxer. Par conséquent, il est facile de tomber dans le piège d'essayer de trop en faire. Les bébés et les jeunes enfants peuvent rapidement devenir surmenés et une journée bourrée de visites, de magasinage et de déplacements en auto sera fatigante pour tous. Tout semble important, ou très amusant, mais prenez quelques minutes pour vous asseoir ensemble et révisez vos plans. Calculez le nombre de fois où vous entrerez et sortirez de la voiture. Par exemple, combien de gens vous rencontrerez et, en gros, combien d'endroits vous visiterez. Ce qui semblait tout à fait possible au départ peut maintenant apparaître comme un pénible marathon.

8

Mon bébé plus vieux

Les enfants qui marchent : une autre histoire

Il faut habituellement à peu près un an après la naissance pour que vous sentiez enfin que vous avez compris les règles du jeu des soins à l'enfant. Vous avez maîtrisé l'art de changer les couches et de nourrir le bébé, vous sentez un solide lien avec votre enfant, la relation avec votre conjointe est meilleure que jamais et vous avez appris à vous débrouiller avec vos nouvelles heures de réveil. Alors même que vous commencez à savourer votre satisfaction, tout change.

Soudain, votre bébé s'est transformé en enfant qui marche. Vous vous étiez émerveillé devant ses premiers pas, ses nouvelles expressions faciales et ses tentatives confuses de langage ; maintenant, ces aspects variés, apparemment sans liens, de son développement ont uni leurs forces pour créer une petite boule d'énergie qui n'arrêtera tout simplement pas de bondir. En effet, c'est une toute nouvelle partie qui s'engage.

Bien sûr, certains papas peuvent voir les choses d'une perspective différente. La première année peut avoir été une expérience très difficile et un père peut sentir qu'il n'est jamais vraiment arrivé à comprendre les soins à l'enfant ou à créer des liens avec son bébé. L'arrivée de l'âge des premiers pas peut être un grand changement pour lui, en ce sens que, enfin, il voit son enfant comme un petit individu doté de sa propre personnalité (habituellement, une forte personnalité). Enfin, ils peuvent commencer à construire une vraie relation et le papa commence à éprouver un réel plaisir à l'expérience.

D'une manière ou d'une autre, cette période est un tournant majeur pour les papas. Un jeune enfant peut faire toutes sortes de choses qu'un bébé ne pourrait jamais faire, comme marcher, parler, grimper et dire « non ». Il aura aussi les habiletés rudimentaires nécessaires pour jouer au soccer, ce qui lui ouvre une toute nouvelle gamme d'activités reliées au soccer qui, jusque-là, étaient latentes, incluant le plaisir de regarder le soccer à la télévision, quoique pour de très courtes périodes. C'est aussi un temps où même les filles peuvent être initiées aux accessoires du soccer et pourchassées autour du jardin avec un ballon, avant que leur mère ne leur apprenne la phrase : « Papa, c'est ennuyant. »

Donc, on peut avoir une bonne dose de plaisir supplémentaire avec les tout-petits et les papas peuvent en retirer un nouveau sens d'accomplissement de soi s'ils profitent des occasions pour s'impliquer encore plus dans la vie de leurs enfants. Il y a, bien sûr, de nouveaux défis à relever. Au niveau le plus élémentaire, vous devez revoir la sécurité de votre maison pour être à la hauteur d'un enfant plus actif, plus capable et plus curieux. Toutefois, il n'y a pas que son développement physique, mais aussi les changements émotionnels plus difficiles auxquels votre jeune enfant fera face pendant les deux prochaines années, alors que son caractère commencera vraiment à se développer. Il apprendra constamment et se sentira souvent fatigué et grincheux, mais il ne voudra probablement jamais aller dormir – à moins, bien sûr, que ce ne soit à un moment particulièrement inopportun pour vous. C'est alors que certains parents en viennent à penser qu'ils ont mis au monde un monstre et n'ont qu'un seul espoir : survivre jusqu'à ce que l'enfant commence l'école !

À vrai dire, il n'y a pas que le changement de bébé à jeune enfant, mais les changements en série qui jalonnent la vie du jeune enfant qui constituent le gros défi des parents. Il y a toujours un problème à régler ou une habitude à briser, que ce soit l'entraînement au petit pot ou les tentatives pour le garder hors de votre lit la nuit. Et puis, des mois après que vous ayez cru un problème réglé, il réapparaîtra soudainement.

Néanmoins, malgré toutes les batailles, c'est la période durant laquelle où vous tomberez éperdument amoureux de votre enfant. À chaque étape du développement du jeune enfant, vous penserez : « C'est un âge fantastique ! » et vous serez certain que ce ne pourra jamais être mieux. Puis, il changera et vous vous habituerez à ce nouvel enfant et vous recommencerez à penser : « En ce moment, c'est le plus bel âge. » Puis, il changera encore, et ainsi de suite. Le seul élément de tristesse dans tout cela, c'est que chaque nouvelle étape signale la fin de la précédente, et vous commencerez bientôt à penser que votre enfant grandit vraiment trop vite – ce qui est une raison de plus pour profiter de cette période tant qu'elle dure.

PARLONS DE... LA QUESTION DES FINS DE SEMAINE

Les samedis peuvent être des cauchemars. Vous pensiez que passer toute la journée en famille serait un bonheur en soi. Mais, alors que vous pouvez être heureux de relaxer à la maison avec votre jeune enfant, votre conjointe a été exaspérée toute la semaine et, maintenant, vous encombrez la place et dérangez ses routines. Il y a seulement deux solutions et toutes deux impliquent de tirer le maximum du tête-à-tête avec votre enfant : soit votre enfant et vous sortez, soit votre conjointe sort. En réalité, il y a une troisième option – vous sortez, puis elle sort quand vous revenez. Si vous amenez votre enfant avec vous et que votre conjointe reste à la maison, elle voudra probablement rattraper des tâches ménagères plutôt que de se détendre. Cela peut être très frustrant pour vous. Toutefois, si elle se rattrape et a la chance de sortir avec des amis, ou de suivre un cours, ou de magasiner, il est plus probable alors qu'elle relaxera vraiment et vous pourrez réellement commencer à profiter d'une fin de semaine familiale ensemble. Donc, c'est à vous de prendre l'initiative.

Le récit de Pierre

Être un jeune enfant doit être difficile. Ils ont du plaisir à revendre, mais on attend tellement d'eux. Parce qu'ils sont tellement bons à nous imiter, et qu'ils s'habillent même comme nous, nous commençons à les considérer comme de petits adultes. J'ai trouvé très frustrant que, la plupart du temps, mon fils soit comme une version réduite de moi, mais je n'arrivais pas alors à lui faire comprendre ce qui semblait être des idées toutes simples. Et, quand il était fatigué ou frustré, il éclatait en larmes ou faisait un caprice sans raison. Éventuellement, j'ai compris que, en réalité, il était encore un bébé et que je devais abandonner mes attentes d'adulte envers lui et simplement suivre le courant.

Satisfaire les besoins de votre enfant

Le jeune enfant est un animal complexe, mais il y a essentiellement trois domaines qui requièrent votre attention pour habiliter votre enfant à se développer : les besoins nutritionnels, les besoins émotionnels et les besoins récréatifs. Bien sûr, votre enfant n'a pas de copie de cette liste et il peut donc être extrêmement difficile de s'assurer qu'il remplit toutes les conditions chaque jour. Alors qu'il est bon d'avoir des règles à suivre, par exemple relatives à ce qu'il devrait manger chaque jour, vous devez être réaliste et vous dire que, tant que vous êtes conscient de ses besoins essentiels et que vous pouvez les satisfaire pendant une période, alors vous êtes au moins sur la bonne voie.

Les besoins nutritionnels

Combiner une bonne nutrition avec de saines habitudes alimentaires pendant le jeune âge aidera à poser les bases d'une future bonne santé. Un

LES CINQ GROUPES D'ALIMENTS ESSENTIELS

Si votre enfant mange régulièrement quelque chose de chacun des groupes d'aliments essentiels, alors il devrait obtenir, vraisemblablement, tous les nutriments (protéines, glucides, gras, vitamines et minéraux) requis pour une bonne santé.

Viandes et substituts – Visez une portion de viande, de poisson ou d'œuf par jour, ou deux portions de sources végétales comme les légumineuses ou les fèves.

Produits laitiers – Visez au moins 350 ml de lait complet quotidiennement, ou deux portions de fromage, de fromage frais ou de yogourt.

Fruits et légumes – Visez au moins cinq portions de légumes et de fruits frais, en conserve ou surgelés, quotidiennement. Le jus de fruits ne devrait compter que pour une portion même si vous en donnez plus d'une fois.

Céréales et féculents – Visez au moins une portion de pain, de maïs, de riz, de céréales ou de féculents à tous les repas. Évitez les grains très durs.

Gras et sucre – Un régime alimentaire équilibré devrait procurer des quantités suffisantes de ces produits. Les sucres raffinés et les gras transformés devraient être évités.

régime équilibré assure que votre enfant a une alimentation suffisante pour ses besoins énergétiques et sa croissance, tout en le protégeant contre la maladie et en favorisant son développement mental.

Cependant, une alimentation saine pour de jeunes enfants n'est pas nécessairement la même que pour des adultes. Les jeunes enfants ont des exigences quotidiennes très élevées en énergie (calories) et autres nutriments, particulièrement après qu'ils commencent à marcher et deviennent plus actifs. Toutefois, comme leur estomac est petit, les jeunes enfants ne peuvent pas manger de grandes quantité d'aliments en une fois – d'habitude, la portion d'un jeune enfant se situe environ entre le tiers et la moitié de celle d'un adulte. Donc, idéalement, votre enfant devrait prendre trois repas principaux par jour et des collations santé entre eux, afin de consommer des aliments facilement digestibles et riches en nutriments des cinq groupes d'aliments essentiels.

Les besoins émotifs

Le thème majeur des années du jeune enfant est celui d'un voyage : depuis la dépendance à l'indépendance. Votre enfant évolue depuis l'état de bébé, qui a besoin que vous fassiez tout pour lui, vers celui d'un individu qui défiera réellement vos décisions et votre implication dans sa vie. Il fait des pas majeurs vers le caractère qui sera le sien à l'âge adulte et il est confronté à d'énormes quantités d'informations sur le monde et les relations interpersonnelles. Il ressentira et exprimera des émotions qu'il n'a jamais complètement éprouvées auparavant et il aura besoin d'un père qui saura répondre adéquatement avec réconfort ou discipline à ses besoins émotifs en croissance.

Encourager l'indépendance

Pour encourager votre enfant à devenir plus indépendant, il est important de bâtir sa confiance en

AVEC LES ALIMENTS, LA SÉCURITÉ AVANT TOUT

- Évitez les bonbons durs, les noix complètes (spécialement les arachides) et les raisins entiers à cause des risques d'étouffement. Enlevez les noyaux des pêches et des nectarines.
- Ne donnez ni thé, ni café, ni sirops de fruits, ni boissons gazeuses. Les premiers contiennent trop de caféine et les derniers trop de sucre, de saveurs artificielles, d'agents de conservation et de colorants. Les boissons contenant des édulcorants peuvent agir comme des laxatifs et provoquer la diarrhée chez votre enfant. L'eau ou le lait sont meilleurs entre les repas ; le jus de fruits devrait être offert avec ou après le repas et toujours dans une tasse, non pas dans un biberon.
- N'ajoutez pas de sel aux aliments de votre enfant et limitez les croustilles et autres aliments salés. Trop de sel peut causer de l'hypertension artérielle chez votre enfant.

soi dès le plus jeune âge. Donnez-lui beaucoup d'amour et d'attention et utilisez le renforcement positif chaque fois qu'il réussit quelque chose. Ne le laissez jamais se sentir en échec pour son incapacité à réussir quelque chose parce qu'il pourrait se montrer peu disposé à essayer de nouveau. L'engagement dans un éventail d'activités et de situations sociales différentes lui procurera la stimulation et l'occasion d'essayer de nouvelles choses et de développer ses habiletés, ce qui l'aidera à avoir plus confiance en lui-même.

Il y a plusieurs routines quotidiennes, comme s'habiller, qui procurent des occasions d'augmenter son indépendance, tout en renforçant ses habiletés physiques et intellectuelles.

Permettez-lui de faire des choix pour lui-même, même s'il fait des erreurs au début. Évitez d'être dominant et de toujours mener le jeu quand vous jouez avec lui. Faites volontairement des erreurs quand vous jouez et laissez-le vous corriger. Incluez-le dans des conversations d'adultes et encouragez-le à exprimer ses pensées et ses sentiments. Ce sont toutes de bonnes façons de développer la confiance en soi.

Les besoins récréatifs

Une des plus importantes façons dont votre enfant développe et exerce ses habiletés est le jeu. Tout en lui procurant une stimulation mentale, physique et sociale, le jeu accroît aussi le pouvoir d'observation et de concentration de votre enfant.

Donner à votre enfant différents types de jouet et d'objet pour jouer lui enseigne différentes formes, grandeurs et textures, tout en l'aidant à développer son expression personnelle et sa coordination main-œil, et à stimuler sa créativité et son imagination.

Comment joue votre enfant

Âge de 15 à 18 mois	Âge de deux ans	Âge de trois ans
Votre enfant sera curieux de tout et mourra d'envie d'explorer; c'est donc une bonne idée de remplir une grosse boîte d'articles ménagers pour lui, afin qu'il y fouille, et de livres d'images pour qu'il indique les objets qu'il reconnaît. Des contenants de toutes sortes sont amusants, comme le sont les casse-tête simples, les craies de cire et les versions miniatures de choses qu'il voit maman et papa utiliser, tels un porte-poussière et un balai. Il a besoin de développer ses habiletés de marche, donc des jouets qu'il pourra pousser et tirer une fois debout seront tout à fait appropriés.	Ses habiletés motrices sont maintenant plus développées et il s'amusera à lancer des ballons et à leur donner des coups de pied, à construire avec des blocs et à inventer des jeux. Les jeux musicaux, les jouets qui parlent, les ensembles pour le thé et les bacs à sable sont tous sa préférence à ce stade de son développement.	Votre enfant contrôle maintenant beaucoup mieux les mouvements de ses mains et il aimera s'amuser avec des jeux de construction, regarder des livres et assembler des casse-tête. Jouer avec du sable, de l'eau, de la pâte et de la peinture l'aidera à stimuler son sens de la découverte, sa coordination et sa créativité. Faire un gâteau peut être très amusant aussi – jusqu'à un certain point!

Ce que votre enfant peut faire

Les jeunes enfants sont pleins de surprises. Juste comme vous pensez avoir la mesure de votre enfant de deux ans, il ajoutera soudainement une autre douzaine de mots à son vocabulaire ou complétera une tâche qu'il n'aurait même pas tenté de faire quelques jours auparavant. À ce stade, un tout-petit commence vraiment à s'ouvrir au monde, recueillant de l'information d'une grande variété de sources et vous vous demanderez souvent: « Où a-t-il appris cela? » Quelquefois, vous avez l'impression qu'un grand changement s'amorce. Il semble sur le point de faire quelque chose de neuf sans vraiment rien tenter. Il y pense et accumule des connaissances jusqu'à ce que, finalement, il s'y mette et vous assistez à une rafale de développements en succession rapide – assez semblables à une poussée de croissance.

Évidemment, c'est fantastique si vous pouvez être avec votre enfant pour vivre ces étapes avec lui mais, comme ce n'est pas toujours possible, il y a plusieurs façons de vous impliquer et d'aider à promouvoir différents aspects du développement de votre enfant.

Les étapes qu'il traverse pour devenir une personne indépendante, capable d'agir avec confiance et de communiquer aisément, sont connues sous l'appellation « stades du développement ». Tant qu'ils sont sains et vécus dans un environnement attentionné, la plupart des enfants atteindront ces stades à des âges spécifiques. Toutefois, ne soyez pas découragé ou frustré si votre enfant « n'atteint pas les objectifs ». Ces stades servent de guide, mais il y a une grande variété dans les rythmes de. Vous pouvez aider votre enfant à développer son plein potentiel, mais il est préférable de ne pas le comparer aux autres enfants. Alors qu'ils peuvent se distinguer dans ce qu'ils atteignent et quand ils l'atteignent, la majorité d'entre eux se développeront tout à fait normalement à l'intérieur des normes reconnues.

Ce chapitre se concentre sur deux domaines essentiels: le développement physique, qui inclut la locomotion et les habiletés de manipulation, et le développement mental, qui couvre l'habileté à penser et à communiquer. Les habiletés importantes du développement social, apprendre à se lier et à interagir avec les autres, sont traitées dans le Chapitre 10.

Vous avez un rôle important à jouer dans les développements physique et mental de votre enfant, même si vous n'avez que peu de temps à lui consacrer dans vos journées de travail. Si vous vous comparez à votre conjointe, vous offrirez naturellement une différence dans les attitudes et les approches aux jeux, de même que dans les tâches, qui stimuleront le développement de votre enfant. Quand votre enfant jouera avec vous, il apprendra probablement à faire les choses autrement et développera des habiletés différentes de celles qu'il apprendrait de sa mère. À tout le moins, l'apprentissage de votre enfant sera stimulé par un changement de partenaire et, bien sûr, votre relation bénéficiera de cette complicité accrue.

Le développement intellectuel

Aussi appelé développement mental, celui-ci inclut la maîtrise des habiletés de communication, comme la parole, la lecture, le dessin, apprendre à compter, se servir de son imagination et mémoriser des choses. Il y a des façons variées de promouvoir ces aspects du développement de votre enfant, particulièrement les habiletés du langage. Et, bien sûr, parler à votre enfant est l'une des choses les plus importantes que vous puissiez faire pour lui.

Encourager les habiletés du langage

Regardez toujours votre enfant quand vous lui parler et utiliser des phrases courtes et simples. Écoutez-le quand il vous parle et laissez-le finir ses phrases. Précisez ce qu'il dit. Par exemple, s'il dit « porte », vous pouvez dire: « La porte est ouverte. » Encouragez-le à parler à ses jouets et essayez toujours de lui décrire ce qu'il voit et entend quand vous êtes dehors. Regardez des livres ensemble et montrez-lui des personnages et des objets familiers. Cependant, évitez de le soumettre à un barrage saturé d'informations et, plutôt, introduisez des moments tranquilles dans sa journée.

Les habiletés de manipulation

La coordination main-œil est impliquée dans plusieurs habiletés physiques. Alors que votre enfant gagne en dextérité, il sera capable de se servir de ses mains et de ses doigts dans des activités comme construire avec des blocs, dessiner, boutonner un vêtement et utiliser une cuillère et une fourchette. Ces habiletés doivent être apprises, donc vous devez donner à votre enfant l'occasion de pratiquer. C'est une autre bonne raison de passer du temps avec votre tout-petit, à jouer et explorer ensemble en bâtissant votre relation pendant qu'il développe ces habiletés essentielles.

Promouvoir la manipulation

- Apprenez-lui à dévisser des couvercles, à enfiler des choses sur une ficelle, à verser de l'eau, à tourner les pages, etc.
- Enseignez-lui comment faire des choses pour lui-même, comme se servir d'une cuillère et retirer ses chaussettes.
- Donnez-lui des tableaux d'activités et des jouets aux nombreuses fonctions comme presser, tourner, tournoyer.
- Procurez-lui des blocs de construction et des jouets à empiler.
- Travaillez avec lui des casse-tête, le dessin et la peinture.

Stades du développement intellectuel

15 à 18 mois

- Il pointe des objets familiers quand il regarde un livre.
- Il dit de 6 à 20 mots, particulièrement «non».
- Il comprend des questions simples et des instructions comme «Où est ton pyjama?» ou «Donne-moi ton jouet.»
- Il peut connaître deux ou trois parties du corps.
- Il imite vos gestes.
- Il répète son prénom.

Deux ans

- Il utilise 50 mots ou plus et pourrait combiner deux à trois mots ensemble.
- Il comprend des instructions plus longues comme: «Mets la tasse sur la table.»
- Il comprend des histoires et des conversations simples et courtes.
- Il utilise des pronoms comme «moi», «toi» et «je». Il commence à poser des questions.

Trois ans

- Il connaît deux ou trois couleurs et quelques formes.
- Il tient une conversation simple, parle et semble continuellement poser des questions comme «Où ?», «Quoi?» et «Pourquoi?»
- Il comprend maintenant des instructions plus complexes comme «S'il vous plaît, va dans ta chambre et prends ton pyjama.»
- Il peut compter jusqu'à 10.
- Il commencera à comprendre des concepts comme «aujourd'hui» et «demain».
- Il peut se rappeler quelques comptines.

Stades du développement moteur

15 à 18 mois	Deux ans	Trois ans
• Il marche seul. • Il s'agenouille et rampe à quatre pattes dans les escaliers. • Il marche jusqu'au haut des escaliers en tenant la rampe et en mettant les deux pieds sur chaque marche. • Il s'accroupit ou se penche pour ramasser un jouet sans tomber. • Il grimpe sur les meubles. • Il salue de la main.	• Il court. • Il marche à reculons. • Il donne un coup de pied sur un ballon sans tomber. • Il marche sur la pointe des pieds. • Il monte et descend les marches avec mettant les deux pieds sur chaque marche.	• Il peut se tenir sur une jambe et sautiller. • Il monte les marches en mettant un pied sur chaque marche. • Il peut sauter de la dernière marche. • Il peut sauter à pieds joints. • Il roule sur un tricycle avec les deux pieds sur les pédales. • Il danse sur la musique.

Les stades du développement de la manipulation

15 à 18 mois	Deux ans	Trois ans
• Il peut construire une tour de trois blocs. • Il a commencé à barbouiller. • Il peut porter une tasse à sa bouche sans la renverser. • Il se nourrit seul à la cuillère, sans échapper trop de nourriture. • Il enlève ses chaussettes. • Il peut faire des casse-tête simples.	• Il peut tourner les poignées de porte. • Il tourne les pages d'un livre correctement. • Il peut enfiler des gants, des bas et des souliers. • Il enfile des billes, des plumes, il se boutonne et fait glisser une fermeture éclair. • Il peut dévisser des couvercles de pots.	• Il commence à s'habiller et se déshabiller sans aide. • Il peut construire une tour de neuf blocs. • Il trace des cercles et copie une croix si on lui a montré. • Il mange avec une fourchette et une cuillère. • Il tient un stylo correctement. • Il peut ramasser des petits objets. • Utilisant les deux mains, il peut verser l'eau d'un pichet dans une tasse sans trop en renverser.

S'habiller

Les vêtements et les chaussures

Il y a de bonnes chances que votre conjointe prenne la responsabilité d'acheter la majeure partie des vêtements de votre enfant, mais il est important de vous y intéresser et, au moins, essayer d'avoir un point de vue sur ce qu'il porte – ne serait-ce que pour éviter l'accusation de vous décharger d'une autre tâche parentale sur votre conjointe.

Avec les jeunes enfants, vous n'avez pas besoin d'être trop précieux dans le choix de leurs vêtements. Évidemment, il est fantastique de voir son enfant bien paraître et, bien sûr, vous aimez le voir bien vêtu pour des occasions spéciales, mais soyez assuré que votre enfant fera tout pour abîmer ses vêtements et vous démontrer qu'il s'y sent à l'étroit pour que vous lui en achetiez d'autres dans le délai le plus court.

La chose essentielle à retenir, c'est que votre enfant dépensera beaucoup d'énergie dans ses vêtements ; par conséquent, recherchez des articles faciles à laver, résistants, amples et qui respirent. En outre, vous trouverez plus facile d'habiller votre enfant pour des températures et des lieux différents en choisissant des vêtements qui peuvent être superposés, plutôt que d'acheter de gros pull-over épais, par exemple, d'un usage limité.

Pour épargner sur les vêtements d'enfant, pensez à l'avance et achetez-les en solde, d'une taille plus grande pour que votre enfant puisse les porter l'année suivante. On peut aussi profiter de bonnes affaires dans le nombre croissant de friperies pour enfants, qui vendent des vêtements d'occasion de qualité – et vous pourriez vous défaire de vos vêtements de bébé quasi neufs au même endroit. Si vous êtes vraiment chanceux, vous aurez un ami ou un parent dont l'enfant légèrement plus vieux que le vôtre aura trop grandi pour ses vêtements juste à temps pour que votre enfant saute dedans.

Les chaussures

Une fois que votre enfant marche dehors et que ses pieds ont besoin d'être protégés, il est essentiel qu'il ait une paire de souliers qui lui font bien. Il y a peu de petits os durs dans le pied d'un enfant ; ce sont fondamentalement des cartilages et des nerfs, donc la pression de souliers ou de chaussettes mal ajustés peut déformer le pied et causer des dommages permanents. Par ailleurs, comme il y a si peu de petits os dans ses pieds, votre enfant pourrait de pas avoir mal et ne se plaindra pas. Les souliers de votre enfant devraient être ajustés par un ajusteur de souliers d'expérience et ne devraient jamais être achetés d'occasion ou être transmis d'un frère ou d'une soeur plus âgé.

Le type de soulier que vous achetez doit être de la bonne grandeur et de la bonne largeur et fait de matériaux naturels comme du cuir ou de la toile, qui permettent au pied de « respirer ». Les souliers devraient avoir suffisamment de place pour que grandissent les orteils, tandis que la partie du talon doit s'ajuster parfaitement et être ferme, pour tenir le pied sans contrainte ni glissement. Quoique les sandales soient plus fraîches en été, leur construction moins robuste signifie qu'elles sont plus susceptibles de blesser les pieds de votre enfant et doivent être ajustées par des professionnels.

Les pieds des enfants grandissent si vite qu'il y a peu de raisons d'acheter des souliers chers. L'ajustement des chaussures devrait être revérifié tous les deux mois, et votre enfant aura probablement besoin d'une nouvelle paire tous les quatre à six mois jusqu'à l'âge de cinq ans.

Chaque fois qu'il n'y a pas de risque à le faire, laissez votre enfant marcher pieds nus pour aider ses pieds à se développer sainement.

PARLONS DE... | L'AIDE À L'HABILLEMENT

Votre conjointe veut tout faire pour votre jeune enfant parce qu'elle est plus habituée et, par le fait même, plus rapide. Cela inclut l'habillement de l'enfant pour lequel elle pense aussi avoir un flair naturel. Elle a probablement raison dans les deux cas, mais habiller votre enfant peut être amusant et gratifiant pour les pères, spécialement quand ce n'est pas une tâche quotidienne. C'est une bonne expérience pour créer des liens et vous pouvez réellement voir votre enfant se développer au cours des mois, alors qu'il apprend graduellement à prendre ses propres décisions sur l'habillement et qu'il commence à s'habiller seul. Et, en effet, si vous n'avez jamais la chance de pratiquer, comment pourrez-vous vous améliorer? C'est aussi une pause pour votre conjointe, mais abordez-la avec tact afin qu'elle ne sente pas que ses compétences sont sapées.

Essayez de prendre l'initiative de temps en temps d'aller dans les boutiques, ou dans Internet, à l'heure du lunch, et achetez un vêtement pour votre enfant. Il n'est pas nécessaire que ce soit une tenue complète, juste un chapeau ou une paire de bas fantaisistes que votre fille adorera et que votre conjointe appréciera. En outre, vérifiez les trous dans les collants et les chaussettes, ou les pantalons qui semblent trop serrés et, discrètement, renouvelez la garde-robe de votre enfant avant que votre conjointe ne doive s'en occuper.

Habiller votre jeune enfant

Avez-vous déjà entendu une mère exaspérée dire à une amie: « Elle a été habillée par son père »? Si non, ce n'est qu'une question de temps.

La majeure partie des hommes, il faut l'avouer, n'a pas vraiment le tour de savoir ce qui va ensemble. Nous passons la majeure partie de nos heures de veille au travail, où notre façon de nous habiller est largement dictée par le type de travail que nous faisons. Quand nous dormons, ce que nous portons n'a pas beaucoup d'importance et, dans les courtes périodes de repos entre le travail et le sommeil, nous nous en tenons essentiellement à ces quelques articles ou styles dont, à la suite de nombreux tâtonnements, nous savons qu'ils nous mettent toujours à notre avantage (pensons-nous). Même dans ce cas, plusieurs d'entre nous seront dirigés par leur conjointe et, si le vieux stéréotype selon lequel nous détestons magasiner est exact, nos conjointes pourront même acheter nos vêtements sans nous consulter.

Cela étant, la pensée d'avoir à habiller votre enfant peut être l'une de celles qui envoient des frissons le long de la colonne vertébrale. Toutes ces insécurités soigneusement enterrées peuvent revenir vous hanter alors que vous envisagez de prendre la responsabilité d'habiller un autre être humain. Pourtant, ce n'est vraiment pas si difficile et ce devrait être amusant pour vous deux. Si vous accordez de l'attention aux détails, cela deviendra une seconde nature. Par ailleurs, si vous aboutissez à un désastre, vous pourrez toujours blâmer votre enfant d'avoir refusé de porter vos excellents choix.

Faciliter l'habillement

Puisque apprendre à s'habiller est une partie importante du voyage de l'enfant vers l'indépendance, laissez-le donc tenter d'y parvenir seul,

■ LES MEILLEURS TRUCS

Éviter les désastres vestimentaires

- Prenez note mentalement des vêtements que votre conjointe combine et imitez-la quand la température et/ou l'occasion le permettent.
- Parlez à votre conjointe de l'organisation de la garde-robe de votre jeune enfant. Les vêtements pourraient-ils être organisés autrement pour rendre plus facile la combinaison d'éléments qui s'apparient bien? Par exemple, plutôt que de mettre toutes les jupes ensemble, les vêtements pourraient-ils être regroupés en couleurs complémentaires?
- Les petites paires de bas courts sont toujours séparées et mêlées – à peine pensez-vous avoir complété l'ensemble parfait, vous vous rendez compte qu'il n'y a qu'un bas de cette couleur. Essayez d'acheter les bas de tous les jours en lot et tous de la même couleur et, ainsi, vous n'aurez plus à vous en faire à propos des paires.
- Assurez-vous d'avoir un bon approvisionnement de collants de couleur neutre afin qu'ils aillent avec toutes les combinaisons de robes, hautes, jupes et souliers.
- Si vous savez que vous habillerez votre tout-petit le lendemain, vérifiez ses vêtements le soir précédent et voyez s'il y a assez de vêtements propres pour faire le travail correctement.

même si cela peut signifier de très lents progrès. Ne vous attendez pas à trop la première fois et évitez de rire ou de faire quoi que ce soit qui pourrait le décourager d'essayer. Efforcez-vous de rester calme devant son choix de couleurs, afin qu'il se sente bien devant le travail qu'il fait. Sortez une sélection de tenues qui conviennent et laissez-le choisir, en vous assurant que les vêtements sont faciles à manipuler et à enfiler sans qu'il ait à déterminer ce qui va devant ou dans le dos.

Les attaches

Quand votre jeune enfant apprend à se servir d'une fermeture éclair, enseignez-lui à l'éloigner de sa peau et de ses vêtements pour ne pas la coincer. Quand il est entraîné à la propreté, assurez-vous qu'il porte un pantalon avec une taille élastique, facile à monter et à descendre. Enseignez-lui à boutonner ses vêtements du bas vers le haut, afin qu'il les mette dans les bons trous.

Des problèmes avec l'habillage

Certains jeunes enfants sont si enthousiastes à l'idée de s'habiller qu'ils refusent toute aide, même quand vous désespérez de les sortir de la maison. Bien que ce soit frustrant, il est préférable d'accorder autant de temps que possible à votre jeune enfant enthousiaste qui s'habille, parce que vous en verrez les avantages aussitôt qu'il aura appris à prendre de la vitesse.

À l'autre bout du spectre, les jeunes enfants peuvent souvent refuser de s'habiller, ou enlèveront leurs vêtements par après. Il peut parfois s'avérer impossible de les habiller pour sortir.

Une façon de minimiser les disputes est d'acheter plus de vêtements que votre enfant aime, même si cela signifie qu'il a plusieurs articles qui sont exactement pareils. Vous pouvez aussi limiter le nombre d'options de vêtements en ne rendant accessibles à sa portée que certains. Autrement, vous pourriez avoir à vous mesurer l'un à l'autre!

Manger

Si vous êtes revenu de l'ouvrage régulièrement pour trouver votre jeune enfant baignant dans la sauce tomate, il est probable que la dernière chose que vous puissiez imaginer faire est de vous asseoir pour un repas familial convenable avec lui. Néanmoins, c'est une part importante de son développement social, sans mentionner ses habiletés à se nourrir, et plus vite vous commencerez à l'éduquer, mieux cela sera. Organiser des repas familiaux, chaque fois que c'est possible, accentuera l'existence de votre structure familiale (peu importe la forme qu'elle peut prendre), renforcera la communication et encouragera la discipline. En même temps, les repas devraient être des occasions agréables!

Cela va sans dire que manger ensemble à la table est une part essentielle de l'expérience du repas familial. Si votre jeune enfant peut s'asseoir sur le même type de chaise que vous, alors tout est pour le mieux. Si vous avez l'espace, vous pouvez encourager votre enfant à acquérir de bonnes habitudes en lui donnant ses propres table et chaise miniatures pour les repas quotidiens.

Après l'âge d'un an, votre enfant sera capable de manger à peu près la même nourriture que vous. Vous pouvez donc essayer d'avoir le même menu pour tous afin d'aider votre enfant à sentir qu'il fait vraiment partie de la famille. Garder la nourriture simple est aussi une bonne idée afin de réduire le stress dans la cuisine, surtout si vous présumez que tout ne sera pas mangé! S'il en est capable, demandez à votre enfant d'aider à préparer une partie de la nourriture ou mettre la table. Le point important est d'être aussi détendu que possible, de s'attendre à des gâchis et des perturbations et de garder à l'esprit que cela relève d'un plan à long terme pour développer une cellule familiale forte dans laquelle on s'entraide.

Les problèmes d'alimentation

Plusieurs jeunes enfants traverseront une étape capricieuse et pourront absolument refuser de manger certains aliments alors qu'en d'autres moments, ils choisiront la même nourriture jour après jour. Heureusement, tous les aliments fournissent des nutriments et aucun aliment en soi n'est essentiel à la santé. La majeure partie des problèmes d'alimentation se résolvent d'eux-mêmes avec le temps et, si votre tout-petit se développe, gagne du poids et regorge d'énergie, alors il est peu probable qu'il souffre de déficiences nutritionnelles. Aucun enfant normal ne s'affamera volontairement – quand il aura faim, il le fera savoir.

Des mangeurs difficiles

Non seulement les jeunes enfants rejettent-ils systématiquement certains aliments alors qu'ils se jettent sur d'autres, mais ils développent souvent un goût pour les rituels, par exemple en ne mangeant que des sandwichs coupés en triangles ou en ne buvant que le contenu d'une tasse jaune.

Le récit de Jean

Comme je suis à l'extérieur de la maison 12 heures par jour et que je ne rentre pas avant 19 h, il y a donc très peu de chances que je mange avec les enfants. À 18 h, nos enfants de quatre ans et de deux ans mangent ensemble à une petite table dans le salon. Mon épouse mange vers 21 h ou 21 h 30. Nous sommes tous debout à 6 h, alors je m'arrange pour déjeuner avec les enfants. Pendant la fin de semaine, nous prenons des déjeuners « spéciaux » ensemble, incluant souvent des croissants au chocolat, et, le soir, nous essayons de prendre un repas en famille vers 18 h; nous mangeons tous la même nourriture à la table familiale. C'est salissant, mais très amusant et les enfants attendent ce repas vraiment avec impatience.

Il est incroyablement frustrant de consacrer du temps à la préparation d'un repas qui, par la suite, n'est pas touché ou abouti simplement sur le plancher. Pourtant, essayez de voir le côté comique des caprices de votre tout-petit autant que possible. S'énerver ne conduira probablement qu'à un affrontement que personne ne remportera. Son refus de nourriture n'est qu'une façon d'affirmer son indépendance croissante. Par ailleurs, quand vous y pensez, nous n'attendons pas des adultes qu'ils mangent toutes sortes d'aliments. Par conséquent, pourquoi ce petit individu ayant un appétit et des préférences qui lui sont propres le devrait-il?

La malbouffe

De nos jours, l'obésité et la carie dentaire chez les enfants inquiètent couramment les parents. La cause est habituellement, bien sûr, une alimentation riche en gras et en sucre. Quoiqu'il ne soit pas nécessaire de ne plus donner du tout à votre enfant des friandises comme les croustilles et le chocolat, essayez de les limiter à certains jours de la semaine et évitez les breuvages sucrés et effervescents.

Des mangeurs malpropres

Pour certains enfants, la nourriture est une aventure. Ils font tout avec leur repas, sauf le manger. Encore, la façon d'aborder cela est de se rappeler qu'il s'agit seulement d'une phase; gardez votre calme et évitez que la situation ne dégénère en affrontement. Couvrez le plancher autour du tout-petit avec une feuille plastique, achetez un bol qui adhère à la table, utilisez un bavoir de caoutchouc à un large bord pour retenir la nourriture, puis laissez-le simplement faire à sa tête.

PARLONS DES... HABITUDES ALIMENTAIRES

Vous vous inquiétez parce que votre enfant mange trop de malbouffe dans la journée et vous êtes frustré parce que vous êtes à l'ouvrage et que vous n'avez que peu d'influence sur son alimentation quotidienne. Cela dit, vous n'êtes pas la personne qui livre la bataille quotidienne pour amener votre fils à manger quoi que ce soit, sans même tenir compte des options santé. Parfois, la seule façon de gérer un comportement difficile est d'offrir une gâterie et, après une longue journée, il ne semble pas y avoir quelque mal à cela. Votre conjointe aborde tout simplement un repas à la fois et essaie de faire pour le mieux. Cela dit, si vous voulez vraiment aborder les habitudes alimentaires de votre tout-petit, la première chose à faire pour vous et votre conjointe est de regarder l'ensemble de la situation. Demandez-lui de tenir un journal des aliments que mange votre fils pendant une semaine, puis voyez s'il y a vraiment un problème; si oui, décidez des occasions les plus appropriées pour introduire des changements dans son régime.

Les allergies et les intolérances

Les allergies alimentaires sont vraiment très rares chez les enfants et les symptômes sont habituellement extrêmes. Les intolérances sont plus courantes et signifient simplement qu'un aliment ne convient pas à votre corps aussi bien que d'autres. N'imposez pas à votre tout-petit un aliment qu'il refuse constamment. Comme il pourrait ne pas lui convenir, essayez de le remplacer par une solution de rechange saine. Si vous pensez que votre enfant souffre d'une allergie ou d'une intolérance alimentaire – qu'il a des éruptions, l'estomac dérangé ou la diarrhée –, il est alors sage de consulter votre médecin.

Activités et jeux

Le jeu est une partie vitale de l'apprentissage et du développement d'un enfant, et, comme les enfants adorent imiter les adultes, il importe donc que les pères s'impliquent le plus possible. Bien sûr, vous n'aurez pas toujours le goût de jouer et il est correct de le dire quand vous avez besoin de vous reposer. Un enfant a aussi besoin, à l'occasion, de prendre des pauses ou de jouer calmement seul. Cependant, si vous le pouvez, essayez de jouer avec votre jeune enfant tous les jours, même pour un court laps de temps, à des jeux simples comme pointer et nommer des objets, «J'observe» ou des cahiers d'autocollants. Même parler avec lui, lui donner votre attention sans partage sera avantageux. Au mieux, défoulez-vous et ayez du plaisir – cela devrait vous aider à relaxer et à oublier la pression du travail quelque temps.

PARLONS DE... LA TÉLÉVISION

L'utilisation des médias en général par votre enfant sera un problème récurrent jusqu'à ce qu'il quitte la maison et votre conjointe et vous devrez penser soigneusement à la politique familiale relative à la télévision. Les recommandations récentes d'universitaires des États-Unis conseillent de ne pas permettre aux enfants de moins de deux ans de regarder de télévision, tandis que les enfants plus vieux ne devraient pas la regarder plus de deux heures par jour. Ces conseils sont basés sur une série d'études qui semblent indiquer que regarder la télévision peut avoir des effets émotifs négatifs sur la santé mentale, l'intelligence et le comportement des enfants.

Votre conjointe aura besoin de temps pour garder la maison sous contrôle, tout autant que d'un repos occasionnel pour s'occuper d'un jeune enfant exigeant; il s'ensuit que permettre à votre jeune enfant de regarder la télévision peut être la seule réponse. Toutefois, il importe de savoir combien de temps votre enfant regarde la télévision et de connaître la qualité des émissions; pour ce faire, il serait d'abord approprié de tenir un journal hebdomadaire des habitudes d'écoute de votre enfant. Il y aussi des façons de limiter l'impact. Évitez de laisser votre enfant regarder des émissions pour adultes, particulièrement les bulletins d'informations dont le contenu est imprévisible. Ne le laissez pas seul en face de l'écran, à moins d'être absolument sûr de ce qu'il verra, et rappelez-vous que les publicités peuvent contenir des sujets peu recommandables. Essayez d'éviter des émissions pour adultes en présence de votre tout-petit – il captera ce qui se passe même s'il ne semble pas intéressé. Autant que possible, tenez-vous en aux DVD et aux canaux spécialisés pour enfants dans lesquels vous avez confiance.

Les experts disent que, idéalement, un enfant d'âge préscolaire ne devrait regarder que des émissions éducatives de première qualité, accompagné d'un parent qui lui parle du contenu et favorise la même sorte d'interaction qu'en lisant un livre ensemble. Quoique cela puisse sembler tout à fait irréaliste, surtout si vous avez un autre enfant plus vieux, cela vous donne au moins une idée de la meilleure façon de faire.

DES FAÇONS DE JOUER

Différents types de jeu sont essentiels pour nourrir différentes habiletés et prévenir l'ennui.

La lecture

Il n'est jamais trop tôt pour commencer à lire des livres à votre enfant. Chaque page tournée réserve une surprise et il peut pointer et apprendre pendant que vous lisez à haute voix. C'est un fantastique tête-à-tête, donc essayez de lui faire une place chaque jour, idéalement au même moment, comme à l'heure du lit. Mettez beaucoup d'expression dans votre voix pour vraiment animer le livre et pointez les images pendant que vous parlez, afin que votre enfant apprenne qu'ils sont en lien avec les mots. Émettez des bruits pertinents aux endroits appropriés, des bruits d'animaux ou d'autos, et encouragez votre enfant à vous imiter.

Dessiner et peindre

Gribouiller, dessiner et peindre sont d'excellentes façons pour votre tout-petit de s'exprimer et il est fascinant de garder ses œuvres dans une chemise pour voir son style et ses habiletés se développer avec le temps. Vous pouvez participer et vous rappeler combien vous êtes mauvais en dessin. Il est toujours utile d'avoir sous la main des livres à colorier et des craies de cire. Colorer calmement le même dessin, étendu sur le plancher à côté de votre enfant, peut s'avérer une véritable occasion de créer des liens et un passe-temps très relaxant.

Un jeu salissant

Contrairement à la croyance populaire, tous les jeux d'enfant ne sont pas salissants. Toutefois, la plupart le sont et certains le sont beaucoup plus que d'autres. En tête de liste des jeux les plus salissants : s'arroser d'eau, creuser dans le bac à sable, utiliser de la pâte à modeler et, bien sûr, cuisiner et peindre. Ils sont tous très amusants, donnent à votre enfant l'occasion d'explorer divers matériaux et l'encouragent à utiliser ses différents sens.

Cuisiner

L'idée de cuisiner avec votre tout-petit semble très amusante. Néanmoins, avant de l'annoncer, examinez attentivement la recette prévue et tenez compte du temps qu'il faudra pour la réaliser, cuisson incluse.

Même quelque chose comme des biscuits glacés peut prendre plusieurs heures, une fois que vous avez préparé la pâte, coupé et cuit les formes (attendu qu'elles refroidissent), mélangé le sucre en poudre incroyablement collant et décoré les biscuits. Puis vous attendez que le glaçage prenne, tandis que vous repoussez un enfant maintenant farouchement affamé et que vous essayez de laver la cuisine, votre enfant et vous au boyau d'arrosage. Un bon conseil serait de tenir compte de la durée d'attention de votre enfant (sans mentionner la vôtre) et considérer des biscuits sans glaçage – ou d'utiliser une variété prête à l'usage qui prend vite.

Le jeu créatif

Tous les jeunes enfants adorant faire des choses, c'est une bonne idée d'avoir une boîte à artisanat dans laquelle vous accumulez des objets réutilisables comme du tissu coloré, des rouleaux en carton et des contenants d'œufs. L'artisanat est l'activité idéale des jours de pluie et, en prime à la fin de l'activité, votre enfant aura un nouveau jouet amusant – habituellement, un tracteur en carton peu solide, un robot ou quelque chose à mi-chemin entre les deux. Il est aussi plaisant de fabriquer des cartes pour les occasions spéciales.

Quoique vous décidiez de faire, il est préférable d'amorcer les choses vous-même et de laisser votre tout-petit poursuivre. Soyez très admiratif devant ses efforts et évitez toute critique du produit fini – même si un tracteur ne pourrait jamais avoir des roues carrées.

Le jeu imaginatif

Il est bon d'encourager ce type de jeu parce qu'il ne coûte rien. Tout ce dont votre enfant a besoin est un peu d'imagination et il peut être fascinant d'observer ce qu'il inventera avec quelques vieux vêtements et un drap tendu sur quelques chaises en forme de tente. Par ailleurs, la jolie robe d'enfant est maintenant une grosse affaire d'argent et aucun film ne sort sans qu'un éventail de minicostumes ne soit disponible pour que votre enfant recrée l'histoire à la maison – quoiqu'à un coût à peine moindre que le budget original du film. Ce type de jeu de rôle est excellent pour que votre enfant aiguise toutes sortes d'habiletés sociales et créatives, même si cela signifie que, des fins de semaine durant, vous serez une des sœurs laides, un troll ou la bête.

La musique et la danse

Vous ferez un important pas pour la protection de votre santé mentale si vous pouvez persuader votre jeune enfant d'apprécier la musique des adultes, surtout quand vient le temps des longs voyages en voiture. Néanmoins, quelle que soit la musique qu'il aime, profitez-en. Les tout-petits aimant chanter et danser, c'est vraiment une bonne façon de changer l'humeur d'un enfant, que vous la jouiez vous-mêmes sur des instruments de fortune ou que vous allumiez la stéréo pour des rythmes latins pleins de vie. Vous pouvez prolonger l'intérêt de votre enfant en initiant des jeux comme la chaise musicale ou les statues. Non seulement la danse est-elle un plaisir incroyable, mais elle est aussi un bon exercice physique et aide à améliorer la coordination et l'équilibre chez l'enfant.

L'heure de coucher votre enfant

Avant que votre enfant n'ait atteint le stade du jeune enfant, vous aurez réglé, espérons-le, plusieurs problèmes habituellement associés à l'heure du coucher. Inévitablement, les changements chez votre enfant, qui rend le stade du jeune enfant si provocateur, se manifesteront à l'occasion pour détruire vos soirées. Cependant, une fois qu'il a atteint l'âge de comprendre pourquoi il va au lit, le coucher peut devenir beaucoup moins une corvée et plus un temps magique pour vous deux.

Si votre conjointe a jusqu'ici pris la direction de la routine du soir, le temps est venu de revoir la situation afin que vous jouiez un rôle plus actif. C'est un temps privilégié, dont vous ne profitez pas beaucoup la semaine, et il est essentiel d'entretenir les liens et de maintenir votre relation alors que votre enfant traverse cette période excitante de son développement.

La routine est encore l'élément vital du coucher réussi et les deux conjoints doivent être engagés pour la réussir. Toutefois, les évènements de la journée exercent aussi une énorme influence sur la manière dont votre enfant se comportera le soir (voir l'encadré ci-dessous).

PARLONS DE... | LA ROUTINE DU COUCHER

Un problème courant est que le parent prenant soin de l'enfant dans la journée – disons que c'est votre conjointe – se débat pour fixer une heure de coucher à laquelle votre enfant arrivera fatigué, mais non exténué. Si c'est une journée difficile, que votre tout-petit est fatigué et irritable et que votre conjointe a pris du retard dans ce qu'elle devait faire, elle peut être forcée de lui accorder une sieste supplémentaire. Vous arrivez alors à la maison devant un enfant enjoué ou vous exécutez fidèlement toute la routine du coucher pour finalement constater que votre fils n'est pas fatigué le moins du monde. Et ce qu'il y a d'extraordinaire avec la sieste de 20 minutes le jour, c'est qu'elle se traduit généralement par deux heures d'énergie en soirée! Une situation similaire se produit quand votre enfant mange du chocolat ou un dessert sucré peu avant son coucher, «pour qu'il reste tranquille», et c'est papa qui en récolte les fruits à l'heure du coucher. Tous deux, vous et votre conjointe, devez donc vous élaborer une routine complète d'organisation du temps de sommeil avant de l'appliquer correctement.

Les stratégies du coucher

Chaque enfant est différent et chaque famille devra déterminer les meilleurs moments et les activités convenant aux circonstances, mais il y a quelques principes à garder en tête pour vous assurer que votre enfant va au lit heureux et dort toute sa nuit. Les heures précédant le coucher devraient toutes avoir pour but de calmer votre enfant au terme d'une longue journée. S'il a passé la journée à la garderie, il est particulièrement important d'abaisser son niveau de stress avec beaucoup d'attentions, de câlins et de caresses. On a démontré que, si un enfant ne reçoit pas un tel apaisement le soir, le stress sera toujours là à son réveil.

Essayez de garder sa chambre raisonnablement en ordre et les jouets hors de sa vue autant que possible – vous devez garder votre jeune enfant orienté sur la tâche à accomplir. Un éclairage tamisé calmera l'atmosphère et aidera à cacher les jouets, et une veilleuse pourrait aussi chasser les peurs de la nuit. Des rideaux ou un store doublé seront particulièrement utiles en été quand il posera des questions embarrassantes comme «Pourquoi je vais au lit quand il fait clair dehors?» ou «Papa, pourquoi es-tu encore couché quand il fait clair dehors?»

Les histoires sont la vraie joie de l'heure du coucher et votre enfant devrait anticiper ce moment. Choisissez avec soin les livres que vous lirez – pas trop de mots, pas trop apeurant ou excitant – et

familiarisez-vous avec l'histoire à l'avance. Si votre conjointe choisit les livres à la bibliothèque pendant la journée, assurez-vous alors qu'elle sait quoi éviter. Elle pourrait avoir cédé aux pressions du jeune enfant devant un livre particulièrement inapproprié ou avoir juste raflé des livres à la course et vous devez vous débattre avec une encyclopédie pour « enfants » des histoires d'horreur de l'Islande !

Essentiellement, votre travail est de gentiment ennuyer votre enfant pour qu'il s'endorme. Comme vous le saurez à partir de maintenant, les enfants sont souvent heureux d'entendre la même histoire encore et encore ; ne soyez donc pas déçu. En outre, faites tout très lentement – prendre un peu plus de temps pour les histoires aide à s'assurer qu'il s'endormira profondément plutôt que de seulement s'assoupir, puis vous rappeler lorsque vous vous éloignez dans le corridor sur la pointe des pieds.

Après un livre, alors qu'il est assis dans le lit, dites-lui de s'étendre prêt pour le sommeil et éteignez les lumières. Maintenant, laissez-le s'endormir pendant qu'il vous écoute lui raconter une histoire, idéalement, une histoire qu'il a réclamée. Parfois, votre jeune enfant dira : « Invente une histoire, Papa », ce qui est probablement la dernière chose que vous voulez entendre après une journée éreintante. Une façon de faire, c'est de raconter une histoire classique, mais de remplacer le personnage principal par votre enfant. Vous pourriez aussi vous servir d'une chanson ou d'une comptine comme sujet d'une histoire simple. Chanter une berceuse en douceur peut être une bonne solution de rechange, surtout s'il semble près de s'endormir. Si vous partagez la responsabilité du coucher avec votre conjointe, assurez-vous de suivre tous les deux la même routine et tenez-vous au courant de comment cela s'est passé et de l'histoire racontée. Cela est essentiel pour assurer la cohérence de la routine du coucher et, aussi, éviter qu'un enfant malicieux ne vous « joue » l'un contre l'autre.

L'HORAIRE DES SMITH

Cette simple routine fonctionne bien pour un couple, qui aime garder sa fillette de trois ans éveillée jusqu'à ce que papa arrive vers 19 h, quand il prend la direction du coucher.

17 h 30	DVD relaxant ou émission de télévision.
18 h 15	Souper avec dessert sans sucre.
19 h 00	Retour du père.
19 h 15	Bain relaxant pour l'enfant.
19 h 30	Utilisation du petit pot. Habillage pour le sommeil. Lecture d'un livre.
19 h 50	Lumières éteintes. Histoire racontée.
20 h 00	Sommeil de l'enfant.
06 h 30	Réveil de l'enfant.

Sortir

Lorsque votre bébé sera devenu un jeune enfant, vous aurez déjà acquis beaucoup d'expérience dans les sorties en famille et, aussi, comme père seul derrière la poussette avec le bébé. Toutefois, la nouvelle indépendance découverte par votre enfant signifie que les voyages dans le monde extérieur deviennent des affaires plus éprouvantes, surtout si vous sortez sans votre conjointe, dans l'espoir d'un tête-à-tête d'une certaine qualité. De nombreux couples introduisent cela dans l'horaire de la fin de semaine, afin que papa s'occupe de l'enfant le samedi matin, par exemple. Aussi agréable et satisfaisant que ce soit, ces quatre ou cinq heures pourront paraître très longues à quelqu'un qui n'a pas l'habitude de divertir un tout-petit.

La première question que vous vous posez est : « Où irons-nous ? » Cette décision est cruciale pour le succès de la sortie, parce que le choix du lieu aura des répercussions sur presque tout ce que vous ferez. C'est donc une bonne idée de consulter votre conjointe. Vous pouvez avoir envie d'essayer un lieu différent de ses repaires habituels mais, lors des premières sorties seul avec votre jeune enfant, il est préférable de jouer de prudence et d'écouter l'avis de l'expert. Vous pourriez aussi opter pour la sécurité du nombre et rencontrer d'autres papas et leurs enfants.

Un autre bon truc est de prévoir que tout prendra beaucoup plus de temps que si vous étiez seul ou avec votre conjointe. Par conséquent, allouez beaucoup de temps supplémentaire pour les flâneries, les caprices et les incidents.

Quoi faire et comment le faire

L'arrivée de votre bébé vous oblige à voir votre région dans une perspective totalement nouvelle. Certains restaurants et boutiques disparaissent de votre radar et sont remplacés par de nouvelles destinations aménagées pour les enfants dont vous ignoriez l'existence auparavant. Soudain, vous vous sentez comme un touriste découvrant le territoire pour la première fois. En fait, il vaut la peine de contacter votre bureau de tourisme local pour être informé des attractions aménagées pour les enfants et des services de loisirs qu'ils offrent. Si vous avez une bibliothèque municipale, il est fort possible qu'on y mette l'accent sur les activités pour enfants ; s'y rendre les jours de pluie afin de choisir des livres et des films peut s'avérer une excellente idée.

Manger dans un café ou un restaurant peut sembler séduisant au départ, mais cela implique tout un nouvel éventail de questions à considérer, et donc il peut être préférable de prendre un panier-repas au début et de laisser les repas

PARLONS DE... LA QUESTION DES VACANCES

Avant de partir en vacances avec votre jeune enfant, vous devez discuter des règles de base avec votre conjointe. Le changement de routine est habituellement une façon fantastique pour les adultes de se détendre, mais c'est différent pour un tout-petit et le résultat peut être n'importe quoi sauf des vacances relaxantes ! Il est très tentant de laisser tomber toute routine pendant que vous êtes au loin, afin que votre enfant mange et dorme à des heures différentes de celles de la maison. Vous voulez qu'il s'amuse, mais le problème est qu'un jeune enfant a besoin d'une sorte de routine quotidienne pour l'aider à se sentir en sécurité. Il repousse naturellement les limites et, si cela signifie qu'il peut rester debout toute la soirée, il s'essaiera. Avec les vacances qui avancent, lui et vous devenez de plus en plus à bout de nerfs. Par conséquent, avant de partir, il est sensé de faire un compromis avec votre conjointe avant de partir, à l'effet de donner plus de liberté à l'enfant, mais en appliquant une routine que vous essayerez tous de suivre. Bonnes vacances !

plus consistants pour les sorties familiales quand vous pourrez partager les responsabilités avec votre conjointe.

Les enfants adorant les pique-niques, profitez-en et faites-en de vrais évènements, tout comme les thés qu'ils organisent pour leurs poupées et leurs oursons. Votre enfant peut aider au choix de la nourriture et emplir le panier. Il aura probablement plus envie de manger la nourriture que d'habitude et toute la sortie sera moins stressante qu'une visite au café ou au restaurant.

Le secret d'un jour de sortie fantastique pour un jeune enfant, c'est qu'il y ait beaucoup d'espace et d'occasions d'activité physique, de choses à voir et à toucher, surtout des animaux, des gâteries comme de la crème glacée et un souvenir à ramener à la maison. Si vous pouvez combiner toutes ces attractions, alors vous devriez vivre un vrai bon moment.

CE QUE VOUS DEVEZ APPORTER

- Des couches ou des lingettes ou un pantalon de rechange.
- Un matelas à langer portable.
- Des collations et des boissons.
- De la crème solaire et un chapeau.
- Un pull-over ou un anorak léger avec capuchon.
- Un jouet préféré.

Vous pouvez toujours égayer une excursion ordinaire dans les boutiques ou au parc en y accordant une petite pensée supplémentaire à l'avance. Par exemple, demandez à votre tout-petit quoi ajouter à la liste de courses, puis cherchez les articles une fois au magasin. Ou la visite au parc peut se transformer en voyage dans la nature pour découvrir la vie sauvage, les insectes et les fleurs qu'on y voit. À la suite de votre visite au parc, créez une illustration avec les feuilles ramassées ou trouvez des livres sur des enfants faisant quelque chose de semblable. Et, lorsque vous sortez avec votre enfant, profitez au maximum des occasions de communiquer, par exemple en pointant du doigt ce qui vous entoure et les bruits alors que vous marchez ensemble.

Quand vous décidez où aller, demandez-vous...

- Les autres parents amènent-ils leurs enfants à cet endroit ?
- Est-ce accessible facilement avec une poussette ?
- Le personnel et les équipements sont-ils en fonction des enfants ?
- Y a-t-il des chances qu'il y ait des toilettes aménagées pour changer les bébés ?
- Y a-t-il une boutique tout près pour acheter des choses oubliées ou supplémentaires ?
- Les limites sont-elles assez sécuritaires pour empêcher votre enfant de s'échapper ?
- Y a-t-il des chances qu'il y ait foule, facilitant la perte de votre jeune enfant ?

Le petit pot

Après environ un an à changer des couches, vous commencez probablement à vous demander quand vous pourrez finalement accrocher votre matelas à langer. Vous pouvez maintenant faire le travail les yeux fermés et sans parler du coût des couches!

Malheureusement, vous devez vous y résigner pour un bon bout de temps encore. Il n'y a pas d'âge magique pour l'entraînement au petit pot, mais la plupart des enfants ne seront pas propres le jour avant l'âge de trois ans environ. Le système nerveux de votre enfant doit se développer au point de pouvoir reconnaître les signes d'une vessie ou d'intestins pleins. Il doit alors être capable de contrôler ses muscles assez longtemps pour atteindre le pot. La combinaison arrive rarement avant deux ans, donc il n'y a aucune raison de précipiter un processus qu'il est physiquement impossible à votre enfant de maîtriser. Vous ne ferez qu'affronter une énorme quantité de frustration, sans compter l'anxiété chez votre enfant, alors que vous pouvez consacrer ce temps à une autre question parentale ou, pourquoi pas, à vous reposer.

Quand commencer l'entraînement?

L'âge le plus jeune pour commencer l'entraînement est 18 mois et vers deux ans, pour le plus réaliste. Il n'y a pas de règles absolues, mais les filles peuvent être plus prêtes vers 18 mois et les garçons, vers 30 mois. Quel que soit l'âge de votre enfant quand vous décidez de l'entraîner, choisissez une période où vous pouvez lui donner le temps et l'encouragement nécessaires. Si vous prenez des vacances, que vous déménagez ou que vous venez tout juste d'avoir un autre bébé, oubliez alors l'entraînement au petit pot jusqu'au retour à la normale. L'entraînement au petit pot est aussi plus facile quand la température est chaude et que votre enfant a moins de vêtements avec lesquels se débattre.

Commencer

Expliquez d'abord à votre jeune enfant, avec des mots simples, ce que vous attendez de lui. Enseignez-lui quels mots utiliser quand il a besoin d'uriner ou de vider son intestin. Apprenez-lui que c'est une bonne chose de faire caca ou pipi dans le petit pot.

Laissez-le choisir un petit pot de sa couleur favorite. Assurez-vous qu'il a une base rigide pour l'empêcher de basculer et qu'il n'y a pas de bords rudes. Pour un garçon, achetez-en un avec un déflecteur. Gardez le petit pot à la même place, où il peut y avoir accès facilement et où il ne basculera pas. Si vous avez deux étages, il serait bon d'avoir deux petits pots à différents endroits dans la maison. Assurez-vous que l'endroit où il s'en sert est chaud.

Habillez-le de vêtements faciles à enlever et enseignez-lui à tirer ses vêtements vers le bas. Des culottes d'entraînement peuvent être utiles et sont plus faciles à enlever que des couches. Elles aident aussi votre enfant à se sentir «plus vieux». Plus tard, laissez-le venir magasiner avec vous pour choisir ses propres sous-vêtements.

Mettez-le sur le petit pot régulièrement, comme après les repas et avant de sortir, et restez avec lui au début. Encouragez votre jeune enfant à s'asseoir

quelques minutes – laissez-le regarder un livre ou lisez-lui une histoire. S'il vous voit assis sur la toilette, il peut comprendre plus vite.

Si vous avez un garçon, n'insistez pas pour qu'il urine debout – au début, c'est plus facile assis. S'il veut se tenir debout, laissez-le se servir d'un tabouret pour atteindre le cuvette.

Quand votre enfant utilise le petit pot avec succès, louangez-le et encouragez-le – mais pas trop. S'il n'obtient pas de résultat la prochaine fois, il peut être déçu. N'attendez pas de résultats trop vite, ne le harcelez pas et ne l'obligez pas. Attendez-vous à l'accident occasionnel, même après avoir pensé qu'il était propre et n'en faites pas un drame si vous devez le nettoyer.

Si votre enfant ne réussit pas à «performer» sur le petit pot, refuse de l'utiliser ou se mouille, ne vous mettez pas en colère. Si l'entraînement à la propreté rend votre enfant anxieux et qu'il y a une bataille entre vous et lui, cachez le petit pot pendant une semaine ou jusqu'à ce qu'il soit prêt. Ne harcelez jamais votre jeune enfant et ne le forcez jamais à s'asseoir sur le petit pot.

Se servir de la toilette

Comme votre enfant grandit, vous devrez lui enseigner à se servir de la toilette (certains enfants qui commencent l'entraînement plus tard peuvent insister pour se servir de la toilette). Laisser votre enfant vous imiter alors que vous utilisez la toilette l'aidera à se faire à l'idée.

Il est important qu'il se sente en sécurité et en confiance quand il s'assoit sur la toilette et vous pouvez trouver utile un siège de toilette spécial pour enfant. Votre enfant aura aussi besoin d'un petit tabouret solide ou d'une boîte pour atteindre le siège et pour poser ses pieds. Les garçons peuvent aussi avoir besoin d'un tabouret pour se tenir debout et faire pipi. Certains ont peur de tomber dans le trou; si c'est le cas avec votre jeune enfant, tenez-le au début.

L'ENTRAÎNEMENT À LA TOILETTE

- Laissez votre enfant choisir lui-même son propre siège de toilette.
- Laissez-le tirer la chasse d'eau de la toilette s'il le désire.
- Assurez-vous qu'il se lave les mains soigneusement chaque fois.
- Assurez-vous que votre fillette s'essuie de l'avant vers l'arrière.
- Ne comparez pas les progrès de votre enfant à ceux d'autres enfants.

Vous devriez aider votre enfant à s'habituer à la toilette d'autres gens en le laissant l'utiliser quand vous êtes en visite. Vous devriez aussi le conduire dans les toilettes de lieux publics. Montrez-lui comment utiliser les différents distributeurs de papier hygiénique, mais ayez avec vous assez de papiers-mouchoirs pour suppléer à tout manque. Assurez-vous que votre enfant comprenne le besoin accru d'hygiène dans les toilettes publiques. Apprenez-lui à vérifier que le siège est sec et à l'essuyer avec du papier hygiénique au besoin. Assurez-vous qu'il lave doublement bien ses mains après.

Traverser la nuit

Apprendre à rester au sec toute la nuit prend habituellement plus de temps que le même exploit de jour. Votre enfant doit reconnaître la sensation d'une vessie pleine quand il dort et répondre soit en se «retenant» jusqu'au matin, soit en se réveillant et en allant à la toilette. Environ le quart des enfants de trois ans mouillent le lit et doivent porter une couche; ne vous hâtez donc pas d'enlever l'enveloppe plastique et essayez de ne pas perdre patience lors de fréquents accidents, la nuit.

Vous pouvez aider votre enfant à rester au sec la nuit en vous assurant qu'il ne boive pas de boissons effervescentes, de jus d'agrumes ou de boissons contenant de la caféine comme le thé, le cola et le

SORTIR

Si vous êtes particulièrement concerné par les problèmes d'hygiène de votre enfant quand il utilise des toilettes publiques, vous pouvez acheter un couvert de plastique dur repliable pour mettre sur le siège de toilette. Vous pouvez aussi essayer un petit pot repliable d'urgence, où tout va directement dans un sac de tissu absorbant, qui peut être noué et jeté sur-le-champ. Ces accessoires sont fantastiques pour les longs voyages en voiture quand un arrêt impromptu sur le bord de la route est requis..

chocolat avant d'aller au lit. Ils peuvent stimuler les reins à produire plus de liquides. Cependant, ne réduisez pas la quantité de liquide que boit votre enfant, parce que la vessie tend à s'ajuster et retient moins de liquide. Il est préférable que sa vessie apprenne à retenir une plus grande quantité de liquide.

Vous pouvez aider votre enfant et diminuer votre travail en plaçant une petite feuille de caoutchouc au-dessus du drap ordinaire de votre enfant avec un drap plié en deux par-dessus. S'il y a un accident, vous pourrez rapidement ôter le drap plié en deux et épargner le reste. Le plus important, c'est de rester calme et de ne pas en faire toute une histoire. Jusqu'à l'âge de cinq ans, mouiller le lit est normal et, quoiqu'il soit décourageant de changer un lit mouillé, vous devriez éviter de vous mettre en colère contre votre jeune enfant. Mettre un petit pot dans la chambre peut aider et vous devriez vous assurer qu'il n'a pas peur de se lever la nuit, par exemple en installant une veilleuse.

Les problèmes possibles

La peur de tirer la chasse d'eau est très fréquente et peut créer des problèmes à l'entraînement. Laissez votre enfant s'acclimater à la chasse d'eau graduellement ; tirez la chasse d'eau quand il a quitté la pièce, mais à portée d'oreille. Quand cela ne l'inquiète plus, essayez de le tenir sur le seuil quand la chasse est tirée. Essayez de le faire de plus en plus près jusqu'à ce qu'il soit prêt à tirer lui-même la chasse d'eau. Votre jeune enfant peut cependant craindre de chasser une partie de lui-même. Adresser un salut aux selles avant de tirer la chasse d'eau peut aider.

Pour certains enfants, la peur de la toilette vient du fait de « se retenir », particulièrement les mouvements de l'intestin, résultant en constipation. Pour d'autres, cela peut conduire à céder à l'activité de l'intestin dans leur pantalon ou sur le plancher. Si c'est le cas avec votre enfant, n'insistez pas pour qu'il utilise la toilette ; laissez-le seulement se servir du petit pot jusqu'à ce qu'il soit prêt à l'abandonner. En outre, donnez-lui de l'intimité dans la toilette parce qu'il peut avoir sa pudeur, quoique vous devriez vous assurer qu'il ne s'enfermera pas dans la toilette. Laissez-le prendre tout le temps qu'il désire. Il pourrait lire un livre s'il le veut – cela peut l'aider à relaxer.

Un enfant déjà entraîné à la toilette peut régresser et commencer à passer ses selles au mauvais endroit ; cela peut être dû à une maladie physique ou à un bouleversement émotif, par exemple à la suite de l'arrivée d'un nouvel enfant ou d'un déménagement. D'ordinaire, cela se résoudra avec le temps. Il importe que vous restiez calme et que vous n'en fassiez pas toute une histoire.

Si vous découvrez votre enfant en train de jouer avec le contenu du pot (un évènement plutôt fréquent), restez calme et ne le faites pas se sentir honteux de ce qu'il a fait, mais expliquez-lui que ce n'est pas acceptable pour plusieurs raisons, dont l'hygiène. Dites-lui que les selles appartiennent au petit pot et doivent y rester. Pour émousser cet intérêt, intéressez-le à des jeux créatifs plus acceptables, comme la peinture aux doigts ou la plasticine. S'il vous est impossible de l'en détourner, consultez l'infirmière de votre Centre local de services communautaires (CLSC).

À un certain stade, votre jeune enfant s'intéressera probablement à la façon dont l'autre sexe urine. Expliquez les raisons de la politique du assis / debout (un garçon urine vers l'extérieur, une fille vers le bas). Si votre petite fille, par exemple, persiste à vouloir rester debout, laissez-la essayer. Après quelques essais, elle découvrira probablement les désavantages par elle-même.

Les questions de sécurité

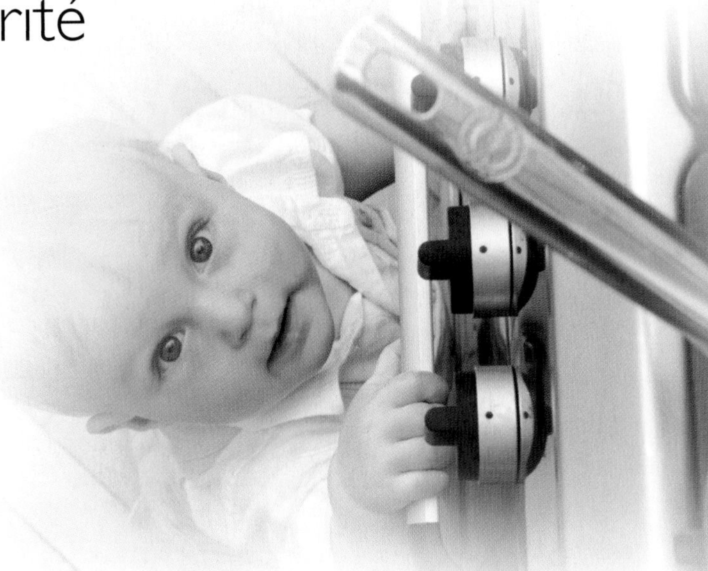

Maintenant que votre enfant se tient debout et marche, vous devez repenser à votre stratégie de sécurité au foyer. Les pages qui suivent visent à identifier les principales zones à risque et les façons possibles de minimiser les dangers à l'intérieur comme à l'extérieur.

Toutefois, il y a aussi un avertissement spécial aux papas qui bricolent trop – oui, c'est possible ! Aborder les problèmes de sécurité est une excellente façon pour les pères d'utiliser leur habileté manuelle afin de démontrer leurs bonnes intentions. Cependant, cela provoquera des retours de flamme si, en tentant de mettre l'accent sur vos préoccupations, vous devenez obsédé par le bricolage ou y si vous y voyez une façon pratique d'échapper à certaines tâches ménagères moins reluisantes. Croyez-le ou non, il y a une limite à l'appréciation de vos efforts par votre conjointe. Il vient un temps où elle apprécierait davantage que vous consacriez quelques heures à prendre soin des enfants plutôt qu'à installer cette troisième barrière sur la même volée de marches en écoutant le match de soccer ou de hockey.

Les accidents, à l'intérieur comme à l'extérieur du foyer, sont la cause la plus fréquente de morts et de blessures chez les jeunes enfants ; il est donc vital de protéger votre tout-petit du danger. Le truc, c'est de le faire sans réprimer sa curiosité naturelle et son indépendance croissante.

Certains accidents peuvent arriver, peu importe l'âge de votre enfant – comme glisser sur un tapis sur un plancher ciré ; d'autres dépendent du niveau de développement de votre enfant – votre enfant devrait avoir deux ans avant d'être capable de dévisser une bouteille et d'en boire le contenu.

Quoiqu'il soit impossible de rendre votre foyer complètement à l'épreuve des accidents ou de garder les yeux sur votre tout-petit 24 heures sur 24, vous devez anticiper ce qu'il fera en prenant les mesures de sécurité appropriées à domicile. On ne peut attendre d'un enfant de moins de trois ans qu'il comprenne et se rappelle tout ce que vous lui dites sur le danger et la sécurité. Néanmoins, à mesure qu'il grandit et en rapport avec son niveau de compréhension, vous pouvez lui enseigner les dangers et la prévention d'accidents simples.

PARLONS DE... | LA SÉCURITÉ

Votre conjointe veut que vous résolviez tous les différents problèmes de sécurité dans la maison, mais met votre tête à prix dès que vous sortez votre coffre à outils. Par conséquent, des travaux importants ne sont pas faits ou ne sont pas faits correctement et, si votre bébé a un accident, qui sera blâmé ? La première étape pour résoudre ce problème est de dresser la liste avec votre conjointe de tous les travaux sécuritaires qui doivent être faits. Ensuite, entendez-vous sur l'ordre de priorité. Quand vous regardez les choses objectivement, peut-être y en a-t-il trop à faire et qu'il serait préférable de payer un homme à tout faire pour tout régler en une journée ? Sinon, il serait bon de convenir d'un temps de travaux hebdomadaires, disons entre 9 h et 10 h le dimanche, pour commencer à vous y attaquer, un par un, jusqu'à ce que la liste soit épuisée.

Garder votre enfant en sécurité

Entre l'âge de 15 mois et deux ans, votre enfant marchera probablement avec assurance, grimpera et sera partout. Il ouvrira vos tiroirs et vos armoires, sera fasciné par l'eau, et attrapera et tirera les choses comme le cordon électrique de la bouilloire, la théière sur la table et la nappe qui pend. Votre enfant n'aura aucun sens du danger – et il commencera à imiter plusieurs de vos actions. S'il vous voit fumer une cigarette ou boire de l'alcool d'un verre, par exemple, et que ces objets sont laissés à la traîne, il peut être tenté de les manger ou de les boire.

À compter de 15 à 18 mois, votre enfant peut comprendre des instructions simples et le sens du mot « Non », s'il est dit d'une voix ferme. Faites attention, toutefois, de ne pas trop l'utiliser: dire « Non » à chaque action bénigne que pose votre enfant peut le conduire à ignorer l'avertissement quand il sera vraiment en danger. Il peut aussi commencer à apprendre les conséquences de certaines actions – ainsi, s'il touche quelque chose de chaud, il se blessera.

Le temps que votre enfant ait trois ans, il comprendra et se rappellera ce que le danger signifie. Vous pourrez alors commencer à lui enseigner comment faire ou se servir des choses de façon sécuritaire; toutefois, vous ne devrez jamais surestimer sa compréhension. Il manquera de jugement pour évaluer correctement le danger, même s'il semble mature pour son âge.

Il n'est pas toujours facile de rester dans la voie du milieu, mais surprotéger votre enfant peut être aussi dangereux que l'inverse. Si le vôtre n'a pas la permission de faire quoi que ce soit par lui-même par crainte qu'il ne se blesse, il peut devenir méfiant, prendre des risques inutiles ou devenir nerveux et être plus sujet à avoir un accident.

LES DANGERS ÉVITABLES

Une maison renferme des sources potentielles d'accidents dont vous devez être conscient. La plupart des accidents sont évitables, mais les jeunes enfants, avec leur curiosité insatiable et leur agilité toute neuve, ont besoin de beaucoup de protection.

L'étouffement, la strangulation, la suffocation

À mesure que votre enfant grandit, l'étouffement devient moins un danger, mais il peut encore s'étouffer avec de petits objets comme la nourriture. Jusqu'à l'âge de cinq ans, ne donnez pas de bonbons durs ou de noix complètes à votre enfant; les arachides sont spécialement dangereuses parce qu'elles peuvent être aspirées et qu'elles contiennent de l'huile qui peut endommager les poumons.

Voyez à ne pas laisser traîner de petits objets que votre enfant pourrait avaler. Vérifiez que les jouets n'ont pas de petites parties détachables. Soyez particulièrement attentif aux piles en forme de bouton parce qu'elles peuvent contenir du mercure qui pourrait suinter si elles étaient avalées. Si votre enfant en avale une, amenez-le aussitôt à l'urgence la plus près de chez vous.

Assurez-vous qu'il n'y a pas de fils ou de cordons électriques qu'il pourrait enrouler autour de son cou. Ne laissez pas pendiller les cordons des appareils électriques et utilisez des cordons spiralés partout où c'est possible. Ne laissez pas votre enfant porter des vêtements avec des cordons autour du cou.

Gardez les ballons dégonflés, les sacs en polyéthylène et en plastique à l'écart de votre enfant – il peut les aspirer dans sa bouche, s'étouffer et suffoquer.

S'ébouillanter, se brûler et se blesser avec des produits chimiques

La peau des enfants étant plus fine que celle des adultes, elle peut donc être ébouillantée ou brûlée à des températures plus basses. Ne laissez pas de boissons chaudes ou des assiettes de nourriture chaude à la portée de votre enfant. Quand vous cuisinez, tournez les poignées des casseroles vers l'intérieur et essayez d'utiliser seulement les ronds du fond. Une protection pour cuisinière évitera que votre enfant ne fasse tomber une casserole sur lui.

Les détergents sous forme de tablettes peuvent contenir un alcalin concentré. Ne laissez pas les enfants les tenir; s'il les presse assez fort, elles pourraient éclater et éjecter de l'alcali dans ses yeux, le blessant.

Gardez la température de votre eau chaude à 54°C (129°F), pour éviter de s'ébouillanter. Ce n'est pas une bonne idée que de laisser une bouillotte dans le lit de votre enfant.

Gardez un écran pare-étincelles fixe devant les feux au gaz, électrique ou ouvert et devant les poêles à bois. Ne faites pas de feux mobiles qui pourraient être renversés ou ne suspendez pas de miroirs au-dessus des feux. Installez un détecteur de fumée au plafond de chaque étage de votre maison. Achetez-en un conforme aux standards de sécurité et suivez les instructions du manufacturier pour l'installer. Testez-le régulièrement afin de vous assurer qu'il fonctionne et remplacez la pile au besoin ou au moins une fois par année.

Assurez-vous que les vêtements de nuit de votre enfant sont ignifuges et que les meubles sont recouverts de matériaux ignifugeants.

Gardez les allumettes et les briquets hors de son atteinte.

La noyade

Un jeune enfant peut se noyer dans seulement quelques pouces d'eau seulement donc ne laissez jamais votre tout-petit seul dans la baignoire, même quelques instants. Si la sonnette ou le téléphone sonne, ignorez-les ou sortez votre enfant de la baignoire avant de répondre.

Ne laissez pas traîner des seaux d'eau – votre enfant peut tomber dedans et être incapable d'en sortir.

Surveillez toujours votre enfant s'il joue près de l'eau et clôturez vos étangs de jardin ou couvrez-les jusqu'à ce qu'il ait grandi.

Les coupures et les entailles

Les vitres basses ou installées dans et autour des portes et des armoires basses peuvent se briser si votre enfant s'y cogne. Il est sage, alors, de les remplacer par des vitres plus sécuritaires ou du contreplaqué. Sinon, couvrez la vitre d'une pellicule de sécurité; cela n'empêchera pas la vitre de briser, mais tiendra les tessons ensemble, réduisant le risque d'un accident grave.

Si vous possédez une déchiqueteuse à domicile, gardez-la rangée, débranchée et hors d'atteinte et ne permettez jamais aux enfants de l'utiliser même sous supervision directe.

L'empoisonnement

Mettez sous clé les produits dangereux, comme les produits chimiques, les médicaments et les produits d'entretien ou rangez-les où votre enfant ne peut les atteindre.

Gardez les médicaments et tous les autres produits potentiellement dangereux dans des contenants aux couvercles résistants aux enfants, mais rappelez-vous qu'ils ne sont pas à l'épreuve des enfants. Ne laissez pas de comprimés dans votre sac à main ou dans vos poches et n'en parlez jamais comme de friandises.

Mettez les plantes de maison toxiques hors de la portée de votre enfant et enseignez-lui à ne pas manger ou cueillir quoi que ce soit dans le jardin sans d'abord vous le demander.

Les culbutes et les chutes

Les fenêtres devraient avoir des verrous ou des loquets pour empêcher les enfants de les ouvrir à plus de 10 cm. Toutefois, assurez-vous que vous êtes encore capable de les ouvrir facilement en cas d'incendie. Les rebords de fenêtre ne devraient pas être accessibles pour grimper ni fournir un espace pour s'asseoir. Si vous le pouvez, déplacez les meubles, comme les lits ou les fauteuils, afin qu'ils ne soient pas directement sous les fenêtres.

Les planchers ne devraient pas être glissants et les carpettes devraient être évitées sur les planchers cirés.

Essayez de nettoyer immédiatement toute éclaboussure.

Les meubles devraient être stables et ne pas basculer aisément. La chaise haute doit être solide avec des harnais à la taille et à l'entrejambe. La vôtre devrait être assez sécuritaire pour empêcher votre enfant de s'y mettre debout.

Installez des dispositifs de protection sur les coins de table pointus. Mettez les petits objets et les bibelots hors de sa portée.

Installez des barrières de sécurité au haut et au bas des escaliers. Ne les enlevez que lorsque votre enfant monte et descend avec assurance, sans trop de risque de chute. Vérifiez qu'il ne peut pas tomber, se faufiler ou grimper par-dessus les rampes d'escalier ou les balustrades. Si nécessaire, bloquez-les avec des panneaux durs ou un filet serré.

Les chocs et les brûlures électriques

Les prises de courant modernes sont conçues afin d'éviter les chocs mais, si certaines sont faciles d'accès, couvrez-les. En tout cas, vous devriez enseigner à votre enfant de ne pas mettre ses doigts ou quelque objet dans les prises de courant; en outre, vous devriez couvrir les interrupteurs de ruban adhésif afin qu'il ne puisse pas les allumer.

Vérifiez aussi que vous n'avez aucun cordon électrique effiloché et que votre câblage n'est pas trop vieux, parce qu'ils peuvent être une cause d'incendie.

Évitez d'acheter des produits électriques dans des boutiques d'occasion ou des marchés aux puces parce que vous n'avez pas de garantie de leur sécurité.

LA SÉCURITÉ À L'EXTÉRIEUR

Tout autant que vous prenez des mesures de sécurité dans votre maison, vous devrez aussi vous assurer que votre enfant est en sécurité quand il joue dehors ou que vous allez chez d'autres gens.

LA SÉCURITÉ AU SOLEIL

Quoique les enfants aient besoin de soleil et d'air pur pour les garder en santé, vous devez protéger votre enfant de la surexposition au soleil. Non seulement un coup de soleil est très douloureux pour votre enfant, mais chacun augmente ses risques de cancer plus tard dans la vie. En outre, plus son teint est pâle, plus le danger est grand.

Ne gardez pas votre enfant au soleil quand il est à son plus fort – habituellement, entre 11 h et 15 h. Protégez-le toujours avec un écran solaire conçu spécialement pour sa peau. Appliquez souvent, surtout au sortir de l'eau. Utilisez un écran solaire résistant à l'eau quand il joue dans l'eau.

Encouragez toujours votre enfant à jouer à l'ombre, mais méfiez-vous des surfaces comme la neige, le sable, l'eau, le béton et le verre qui peuvent refléter les rayons du soleil. Les enfants pouvant aussi être brûlés par temps nuageux ou couvert, appliquez toujours un écran solaire en été, même s'il fait gris.

Ne laissez pas votre enfant porter des lunettes noires de piètre qualité au soleil – vous devez protéger ses yeux avec des lunettes filtrant les rayons ultraviolets.

Si votre enfant attrape malgré tout un coup de soleil, rafraîchissez-le dans un bain ou une douche tiède, ou avec des compresses fraîches. Appliquez de la lotion calamine ou un après soleil. Ne crevez aucune cloque. Donnez-lui des boissons fraîches parce qu'il peut être déshydraté, et une dose de paracétamol. Gardez-le à l'intérieur.

Si votre enfant a un coup de soleil sérieux, ou qu'il frissonne, a de la fièvre ou vomit, voyez votre médecin.

LA SÉCURITÉ SUR LA ROUTE

Quand vous amenez votre tout-petit marcher, utilisez un harnais ou tenez-le fermement par la main pour le garder en sécurité à vos côtés. S'il est dans une poussette, attachez toujours son harnais ; aussi, prenez soin de ne pas surcharger la poussette avec les emplettes, au cas où elle basculerait. Enseignez la sécurité routière à votre enfant, par exemple trouver un endroit sécuritaire pour traverser la rue et expliquer pourquoi vous devez arrêter, regarder et écouter, avant de traverser. Enseignez-lui à rechercher le « bonhomme vert » et le « bonhomme rouge » aux feux de circulation pour piétons. Ne laissez pas votre enfant aller près d'une route ou la traverser seul.

DANS LA VOITURE

Assurez-vous que vous respectez le code de sécurité quant à l'utilisation du siège d'auto pour enfant, aux restrictions et à l'endroit où votre enfant sera assis dans la voiture. En cas de doute, faites-le installer par des professionnels. En outre, installer des serrures à l'épreuve des enfants est indispensable.

Ne laissez jamais votre enfant voyager dans aucune voiture, comme celle d'un ami ou une voiture louée, sans les mesures adéquates.

Les sacs gonflables installés à l'avant des autos sont très dangereux pour les jeunes enfants. S'ils gonflent, ils peuvent le suffoquer ou le blesser. Si votre voiture possède des sacs gonflables aux sièges avant, installez toujours votre siège d'auto sur la banquette arrière.

Ne laissez jamais votre enfant seul dans la voiture, même quelques minutes.

AU PARC

Votre enfant a besoin de faire l'expérience de jouer dehors comme élément de sa croissance mais, une fois encore, vous devrez prévoir les dangers potentiels, comme l'équipement non sécuritaire, les crottes d'animaux et les étangs. Autant que possible, laissez-le courir à son aise dans un espace clos.

Vérifiez que le sol sous les équipements de jeu est mou et enseignez à votre enfant à ne pas courir devant les balançoires et les manèges.

Enseignez à votre enfant à ne pas courir vers ou toucher des chiens étrangers sans votre permission.

DANS LE JARDIN

Les enfants adorent la liberté d'explorer le jardin et ils peuvent adorer vous aider à jardiner aussi. Néanmoins, comme dans votre maison, vous devrez prendre quelques mesures de sécurité pour vous assurer que votre enfant peut y jouer sans risque.

Éloignez votre enfant quand vous préparez un feu de camp ou que vous cuisinez sur le barbecue ; ramassez aussitôt les crottes de chien ou de chat ; fixez bien les couvercles des poubelles afin que votre enfant n'aille pas y fouiller et assurez-vous que toutes les échelles sont rangées afin que le tout-petit n'y monte pas. Si votre voiture est garée près du jardin, assurez-vous que votre enfant n'est pas tout près quand vous la déplacez ou que vous y travaillez.

9

Mon nouveau meilleur ami

Deux, c'est mieux

Votre bébé plus vieux est maintenant bel et bien un jeune enfant. Il s'est probablement lancé dans ses « terribles deux ans » avec grand plaisir – en fait, ils débutent vers 18 mois environ – et peut se laisser aller à de fréquents caprices. C'est un temps fascinant pour les parents parce qu'ils perçoivent les premiers signes du vrai caractère de leur enfant émerger. Ces années de tout-petit, alors que votre bébé marche et parle désormais avec assurance, s'amorcent quand vous percevez réellement qu'il y a trois personnes dans votre « couple ». Vous avez un nouveau meilleur ami.

Bâtir la relation

Plusieurs papas sentent que d'être au travail toute la journée les prive de développer une vraie relation avec leur enfant. Cependant, la recherche sur les effets des mères au travail ne démontre aucune différence dans l'attachement à leur enfant, comparé aux mères qui restent à domicile pour en prendre soin. Le facteur clé était que ces femmes au travail s'assuraient que, quand elles étaient à la maison, elles donnaient à leur enfant autant d'attention concentrée positive que possible. Et il ne semble y avoir aucune raison qui interdise à cette approche de fonctionner pour les papas dans la même situation.

Virtuellement, tout ce que fait votre enfant implique une certaine forme d'apprentissage et il est influencé par votre comportement depuis son très jeune âge. Il est incroyablement curieux et il donnera de la valeur à votre rôle d'enseignant ; par conséquent, il serait bon de bâtir sur cet aspect de votre relation, par exemple en l'amenant faire des sorties dans la nature pour apprendre directement au contact des plantes et des animaux. Souvent, vous vous retrouverez voyageant vers votre propre enfance, redécouvrant l'intérêt et le plaisir à tirer des choses les plus simples de la vie, que les adultes perdent de vue par habitude.

Vous atteindrez un niveau d'interaction plus intime si vous pouvez physiquement descendre à son niveau pendant les jeux – littéralement en vous

assoyant ou vous couchant sur le plancher avec lui et en relaxant ensemble. En outre, comme les mamans sont moins enclines à se livrer à des jeux de «bagarre» que les papas, tirez donc le maximum de l'occasion pour créer des liens avec la bonne vieille lutte, les poursuites et les jeux de ballon.

À l'autre bout du spectre de jeu, colorier des images ensemble est une activité calme et hautement concentrée, qui vous rapproche tous les deux physiquement et mentalement et qui peut être étonnamment relaxante. Il en ira ainsi jusqu'à ce que vous commenciez à vous disputer pour savoir qui peut utiliser la craie de cire rouge ou si les cheveux de la princesse machin sont bruns ou jaunes. Les casse-tête peuvent exercer le même attrait et contribuer utilement à son développement psychologique.

Une autre façon agréable de bâtir des liens avec votre tout-petit, c'est de cuisiner pour lui régulièrement. Choisissez des recettes ensemble et demandez son aide dans la cuisine. Il sera conscient du changement dans sa routine et se rappellera vos efforts. Avec un peu de chance, il mangera tout et anticipera la prochaine session de cuisine avec papa.

À l'extérieur de la maison, recherchez des cours pour enfants, comme le ballet ou la gymnastique douce. Ces sorties hebdomadaires bâtiront un autre lien unique entre votre jeune enfant et vous, vous permettront de rencontrer d'autres parents et d'accorder une pause à votre conjointe.

D'habitude, ce sont les mamans qui amènent leur tout-petit aux fêtes d'enfants pendant que papa bricole à la maison ou reste assis dans la voiture à lire le journal, incapable de faire face au bavardage. Pourtant, plus vous ferez l'effort d'aller à ces fêtes, plus cela deviendra facile. Alors, pourquoi ne pas vous risquer? Vous pourriez y aller en famille d'abord, puis y mener seul votre enfant plus tard. Vous établirez vite des liens avec d'autres papas – qui se sentent tous comme vous – et leurs enfants. Vous verrez et vous entendrez ce qu'ils vivent, vous apprendrez des trucs sur les soins aux enfants et, plus simplement, vous vous ferez de nouveaux amis. Les fêtes d'enfants peuvent constituer une part importante de votre développement comme père, et une excellente façon de vous défouler avec des gens qui comprennent votre point de vue. Éventuellement, vous pourriez même avoir hâte de les revoir.

QUE PENSE RÉELLEMENT VOTRE ENFANT DE VOUS?

Demandez à votre jeune enfant de faire une imitation de vous. Qu'a-t-il trouvé? Il vous surprendra probablement en faisant ou en disant quelque chose que vous ne pensiez pas faire partie de votre comportement de tous les jours, ou certainement pas assez pour être la caractéristique vous définissant! C'est un très simple exercice, mais qui peut être très éclairant, pour ne pas dire humiliant ou, même, vraiment inquiétant. Un papa a regardé avec horreur sa fille arpenter la pièce avec un visage coléreux, en criant: «Pour l'amour du ciel, qu'est-ce qui se passe ici?» En d'autres mots, ce n'est probablement pas quelque chose à essayer devant de nouveaux amis ou des voisins.

Témoigner de l'affection

Ce n'est pas quelque chose avec lequel tous les papas sont confortables parce que, au fil des années, on a extirpé d'eux une large part de ces attitudes de «femmes». Si votre enfant a atteint l'âge de deux ans et que vous avez encore de la difficulté à afficher vos émotions, alors vous avez vraiment besoin de vous attaquer au problème. Il est temps de vous débarrasser des inhibitions mâles et de démontrer clairement à votre enfant que vous l'aimez, que vous avez du plaisir à être avec lui, que vous l'écouterez et le prendrez au sérieux. Vous devez vraiment dire à votre enfant que vous l'aimez et en faire une habitude à entretenir tout au long de votre relation.

Vous pouvez montrer votre affection de la façon la plus simple, que ce soit par un simple sourire, un tas de câlins, en lui tenant la main ou juste en faisant des choses ensemble. Pensez à l'importance accordée au langage corporel d'autres adultes pour déterminer s'ils nous apprécient ou approuvent ce que nous faisons. Quels signaux envoyez-vous à votre enfant en croissance avec votre langage corporel ?

Le contact physique que vous établissez par les routines quotidiennes comme la toilette, le bain ou même brosser les dents de votre enfant, procure de nombreuses occasions de montrer que vous prenez soin de lui. Tout tourne autour de la confiance et de l'intimité à bâtir, comme vous le faisiez pour créer des liens quand il était nouveau-né.

À partir de maintenant, il sera clair que le but premier dans la vie de votre enfant est d'avoir autant de plaisir que possible chaque jour et vous marquerez beaucoup de points si vous devenez son complice consentant. Il développera aussi le sens de l'humour. La première fois, vous le verrez quand il vous offrira un jouet ou un aliment et qu'il le retirera, ou qu'il sautera sur votre siège quand vous vous levez et qu'il ne vous laissera pas vous rasseoir. C'est une prime parce que, pour tous, le rire est, bien sûr, un excellent outil pour créer des liens. Il ajoute un autre niveau de communication avec votre enfant et une dose supplémentaire de plaisir à vos jeux.

Vous pouvez aussi montrer de l'affection simplement en étant avec votre tout-petit lors des occasions importantes pour lui. Cherchez à planifier vos vacances annuelles afin que, après les principales vacances familiales, vous disposiez de jours de congé accumulés pour couvrir les anniversaires, les voyages spéciaux et les fêtes à la garderie. Essayez d'être avec lui pour toutes ces importantes premières fois, comme sa première coupe de cheveux, son premier jour à la garderie, sa première promenade en train ou en métro, ou sa première visite à la bibliothèque. Ces occasions génèrent de fantastiques souvenirs, surtout si vous n'oubliez pas de prendre un appareil photo. Vous pourrez ensuite composer, faire de petits albums photo ou des albums personnalisés.

Toutefois, il ne faut pas vous imaginer du même coup que vous devez constamment occuper votre enfant avec un grand sourire de clown au visage. Vous avez besoin d'une pause à l'occasion, donc ne soyez pas mal à l'aise de le laisser jouer seul – ce qui est une habileté qu'il doit apprendre – pendant que vous vous assoyez dans la même pièce pour continuer la lecture du journal ou d'un bon livre.

PARLONS DE... | LA QUESTION DES SOUVENIRS

Être loin de la maison toute la journée peut être particulièrement difficile pour le papa d'un jeune enfant, parce qu'il se développe sur tant de fronts qu'il semble que vous manquez vraiment quelque chose. Une excellente façon de garder le contact quand vous êtes à l'ouvrage, c'est de commencer un album avec lui. Parlez-en avec votre conjointe parce que son aide sera essentielle. Commencez en fin de semaine et demandez à votre enfant de continuer pendant la semaine. Avec l'encouragement de votre conjointe, dès que votre enfant fait quelque chose de drôle ou de signifiant dont il veut parler, il peut le noter avec un souvenir dans son album. Vous pouvez combler votre retard sur ses activités quand vous êtes de nouveau à la maison et regardez l'album ensemble.

Si un autre bébé arrive...

Vous pouvez vous être engagés dans une deuxième grossesse en vous disant qu'éduquer un autre enfant serait plus facile la deuxième fois. Ce n'est définitivement pas le cas ! Vous serez plus expérimenté et, par le fait même, plus détendu pour prendre soin de votre nouveau-né. Par contre, il est impossible de prédire le caractère de votre nouveau bébé et comment il se comparera à votre premier enfant – sera-t-il un meilleur dormeur ou pire ?

S'occuper de deux bébés est incontestablement beaucoup plus

stressant, bruyant, épuisant et cela gruge plus de temps que de prendre soin d'un seul. En même temps, il y a aussi deux fois plus d'amour et de bonheur dans la maison et, même si vous jurez de n'avoir jamais un autre bébé, quand il se mettra à grandir, vous pourriez bien commencer à regretter ces premiers temps et vous demander s'il n'y aurait pas une toute petite place pour un troisième.

Une part importante de la préparation au deuxième enfant consiste à vous assurer que votre premier est à l'aise avec l'idée. Ce ne sera pas facile. Comment vous sentiriez-vous si votre épouse vous annonçait qu'elle prend un deuxième époux, ou que votre patron a embauché une autre personne pour l'asseoir à côté de vous et lui donner exactement le même travail?

Heureusement, vous aurez été capable de planifier et d'aborder autant de priorités domestiques que possible avec votre tout-petit avant les dernières étapes de la grossesse. Les défis comme l'entraînement au petit pot et les réveils de nuit seront beaucoup plus difficiles à gérer quand vous vous occuperez d'un deuxième enfant. Et il est sage de ne pas introduire d'autres grands changements dans la vie de votre tout-petit avant qu'il se soit habitué au bébé.

Après la naissance, donnez à votre petit enfant un présent «de la part du bébé», et gardez-en quelques-uns cachés pour les occasions où les amis et la famille vous visiteront avec des cadeaux pour le nouveau-né. Cela aidera à ce que votre jeune enfant ne se sente pas exclu; vous pouvez demander aux visiteurs de lui témoigner un surplus d'amour et d'attention à leur arrivée.

Votre jeune enfant peut très bien retourner à des comportements de bébé quand son nouveau frère ou sa nouvelle sœur aura fait son entrée. Il ressent un manque d'attention, ce qui est peu surprenant parce qu'il a été au cœur absolu de votre affection depuis le jour de sa naissance. Soudain, il y a de la concurrence et il se sent abandonné quand ses parents sont occupés à prendre soin du bébé.

Les papas ont un rôle important à jouer pour équilibrer la famille en cette période perturbée. Maman sera fortement centrée sur le nouveau-né, surtout pendant qu'elle le nourrit, et vous devrez donc accorder plus de temps à votre enfant plus vieux, même si cela entrave vos liens avec le bébé.

PARLONS DE... | L'ANNONCE DE LA NOUVELLE

Une fois la grossesse confirmée, il est bon de discuter du moment où vous le direz à votre jeune enfant. Votre conjointe sera sans doute centrée sur la grossesse et sur ce qu'elle ressent – sans aide parce qu'ayant un tout-petit exigeant autour d'elle toute la journée. Toutefois, ça, c'est un problème important. C'est long neuf mois pour votre enfant qui attend un nouveau frère ou une nouvelle sœur, mais c'est aussi quelque chose à ne pas négliger jusqu'à la dernière minute. Parlez aux autres parents de leurs expériences et planifiez comment et quand vous annoncerez la nouvelle. L'ayant annoncé à votre enfant, vous pouvez ensuite hausser son niveau d'intérêt et d'acceptation en approchant du jour de la naissance ensemble, comme une famille.

Le récit d'Antoine

Pendant les trois premières semaines suivant la naissance, notre fille adorait son nouveau petit frère mais, une fois passé l'attrait de la nouveauté, elle réalisa que son frère était là pour rester. Pendant une visite chez mes parents, je l'ai entendue négocier à voix basse avec sa grand-mère, lui demandant si son frère pourrait rester chez eux. Une autre fois, elle m'a demandé s'il pouvait être mis dehors avec les déchets. Quand je lui ai demandé pourquoi, elle a répondu: «Parce qu'il est un déchet.» Toutefois, les choses ont encore changé quelques mois plus tard. Elle est tombée éperdument amoureuse de lui et ça n'a pas changé depuis.

Certains tout-petits se mettront à parler avec une voix de bébé, d'autres recommenceront à se mouiller ou demanderont des câlins au milieu de la nuit, surtout si le bébé dort dans votre chambre ou dans votre lit.

Votre jeune enfant peut même devenir violent envers le bébé. Si cela arrive, faites-lui bien comprendre que ce n'était pas bien, mais ne réagissez pas de façon excessive. Généralement, il est préférable de ne pas laisser votre jeune enfant seul avec le nouveau bébé jusqu'à ce que vous soyez satisfait que cette phase de bébé soit passée. Sinon, il n'y a pas grand-chose que vous puissiez faire. Assurez-vous seulement d'avoir chaque jour du temps en tête-à-tête avec votre jeune enfant pour continuer de lui dire combien il est spécial et combien vous l'aimez, mais expliquez-lui que le bébé requiert beaucoup d'attention jusqu'à ce qu'il puisse s'occuper de lui-même. Demandez à votre jeune enfant de vous aider à prendre soin du bébé afin de sentir qu'il joue un rôle d'aîné dans la vie familiale. Et rappelez-lui combien il est brillant de faire tant de choses que le bébé ne peut pas faire et que, plus tard, il pourra apprendre au bébé à ouvrir une porte ou donner des coups de pied dans un ballon. Éventuellement, votre tout-petit réalisera que le bébé est un fantastique nouveau compagnon disponible 24 heures, qui copie tout ce qu'il fait et généralement l'adore.

Les garçons et les filles

Certains pères peuvent être déçus que leur bébé ne soit pas un garçon. Mais y a-t-il de véritables différences ou les traitons-nous seulement de façons différentes, générant éventuellement des caractéristiques différentes ? Par exemple, des chercheurs ont observé que les parents aident moins un garçon qui pleure ou qui a mal qu'une fille qui vit la même chose. Peut-être est-ce parce que les parents protègent plus une fille, mais pensent qu'un garçon devrait « s'en tirer ». À un niveau plus simpliste, on pourrait imaginer que les garçons apprennent à cacher leurs émotions et à tolérer la douleur, tandis que les filles sont éduquées plus vraisemblablement à montrer leurs émotions et à exprimer leurs sentiments.

Le récit de Mathieu

Ma fille a traversé une phase réellement embarrassante en refusant de porter quoi que ce soit, sauf des robes. Elle criait et se débattait si on approchait d'elle avec un pantalon ou même une jupe – et on était au milieu de l'hiver. Éventuellement, nous avons arrêté de nous battre avec elle et trouvé quelques robes et collants en laine épaisse. Cependant, sa réaction avait commencé à déteindre sur son jeune frère qui devenait lui aussi contrariant à propos de ses vêtements. Il refusait de porter un pull décoré d'un motif de rhinocéros et, à la fin, nous avons dû le donner. Étrangement, le garçon à qui nous l'avons donné refusa lui aussi de le porter.

On dit que les garçons sont plus lents que les filles pour apprendre à parler et qu'ils apprécient habituellement les jeux, les jouets et les véhicules pratiques et mécaniques, tout comme les jeux physiques. Les filles semblent plus intéressées par les conversations, les jeux interactifs, soit avec leurs poupées, soit en jouant elles-mêmes des rôles – habituellement habillées en princesses.

On dit aussi que les filles sont de meilleurs «petits tyrans» que les garçons, parce qu'elles se servent d'armes psychologiques contre leurs victimes plutôt que de force physique brute habituellement associée aux brimades mâles. La plupart des hommes auront appris cette réalité bien avant de devenir pères!

Il est donc difficile de distinguer exactement les traits naturels des traits culturels. Néanmoins, il est clair que, comme parents, nous avons une énorme influence sur la façon dont nos enfants se développent et, quel que soit leur sexe, nous devons les respecter comme individus et les traiter en conséquence.

Maximiser le temps en famille

Peu importe comment vous considériez votre travail avant la naissance de votre enfant, vous devrez définitivement réévaluer vos sentiments maintenant. De quelque façon que vous l'envisagiez, le travail prend du temps qui pourrait être passé avec votre famille.

En général, les choses deviennent plus faciles pour les parents qui travaillent, parce que la société commence à reconnaître l'importance du parentage et de l'éducation des générations futures. En outre, on accepte de plus en plus que l'équilibre travail/vie de famille soit une bonne chose à la fois pour les employés et pour les employeurs.

Ainsi, le premier pas vers la maximisation du temps en famille est de vous informer sur la politique de votre entreprise et de la comparer aux lois du travail, parce que la situation peut être plus à l'avantage de la famille que vous ne l'imaginez.

Avec un peu de chance, votre patron immédiat aura sa propre famille et appréciera les pressions que vous envisagez. Sinon, vous devez vous assurer que votre supérieur et d'autres collègues proches connaissent suffisamment votre vie familiale pour être sympathiques à votre cause. Toutefois, quoi que vous fassiez, ne devenez pas le «raseur au bébé» du bureau, incapable de parler d'autre chose que de vos magnifiques enfants.

Y a-t-il une possibilité d'horaire flexible? Cela signifierait être capable de faire face à de petites urgences à la maison sans devoir piger dans la banque de congés ou de perdre du salaire, sans mentionner la compréhension de vos collègues.

Vous pourriez aussi profiter de ce temps pour amener votre enfant à la garderie. C'est un bon moyen pour rencontrer d'autres papas du voisinage et de développer un réseau informel de soutien et

PARLONS DE... LA QUESTION DES HEURES DE TRAVAIL

Votre conjointe gardera un œil vigilant sur le nombre d'heures que vous passez au travail parce que ses jours à la maison avec un nouveau bébé peuvent sembler très longs. Pendant ce temps, vous vous sentez aussi sous pression au travail à cause de collègues qui s'attendent à ce que vous passiez autant d'heures qu'eux au bureau. Au fond, votre conjointe sait qu'il est important pour toute la famille que vous gardiez votre travail mais, en même temps, elle a besoin de sentir que votre cœur est à la bonne place. Vous devez tout faire pour arriver à la maison à temps, en vous en tenant aussi près que possible de votre journée officielle de travail. Donc, pendant que vous êtes au travail, cherchez à avoir l'impact le plus grand et le plus visible pendant vos heures de bureau, afin d'éviter de commencer tôt ou de finir tard. Utilisez votre temps de déplacement pour rattraper ou faire quelque chose en surplus, et essayez de faire quelque chose qui sera remarqué. Que vous vous serviez d'un ordinateur à bord du train ou que vous pensiez en marchant ou en conduisant, cela peut être le bon moment pour trouver de nouvelles idées ou pour résoudre des problèmes délicats.

de mettre des noms sur des visages de camarades dont votre fille parle toujours. Soudain, vous ouvrez un tout autre niveau de conversation et d'interactions avec votre fille. Assurez-vous de l'habiller et de lui donner son déjeuner afin de prendre une part vraiment active dans sa routine quotidienne. Et, bien sûr, cela dispense votre conjointe de la course vers la garderie et, peut-être, cela lui vaut-il une heure de plus au lit.

Finalement, il est triste que de nombreux papas ne prennent pas la totalité du congé annuel auquel ils ont droit. Aux États-Unis, le travailleur moyen n'a droit qu'à moins de quatre semaines de congé payées par année, y compris les congés fériés, par rapport à plus de six semaines au Royaume-Uni. Malgré cela, le travailleur états-unien moyen ne prend pas même quatre jours dans ce qui lui est accordé. Une fois que vous avez vraiment maximisé la quantité de temps familial dans votre horaire hebdomadaire, la prochaine étape est d'en profiter au maximum. Cependant, cela dépend de vous et de l'effort que vous acceptez de fournir. N'oubliez pas de réserver, dans vos fins de semaine, du temps à passer seul avec votre jeune enfant, renforçant les liens et offrant à votre conjointe une occasion de récupérer.

Le récit de Michel

Je partais tous les jours travailler et je rentrais à la maison à l'heure où ma fille allait au lit. J'avais pensé que cet arrangement était bien mais, petit à petit, j'ai commencé à réaliser que je devais arriver à la maison plus tôt. À l'heure du lit, elle était habituellement exténuée et en larmes, tout comme mon épouse. Depuis, d'autres papas m'ont confié que leur ménage virait au chaos au début de la soirée quand, finalement, les stress de la journée nous rattrapent tous. J'en ai discuté avec mon épouse et j'ai pris mon courage à deux mains pour en parler à mon patron. Je me suis organisé pour déplacer mes heures de travail, juste assez pour arriver à la maison une demi-heure plus tôt. Il est extraordinaire que si peu de temps fasse une telle différence. Maintenant, elles ne se rendent pas à l'étape des larmes et je passe un peu plus de temps précieux avec ma famille.

10

Changer de comportement

Être un modèle

Vous êtes-vous déjà vu comme un modèle pour quelqu'un d'autre ? Avez-vous un frère plus jeune ou une sœur plus jeune qui vous ont toujours admiré, ou dirigez-vous du personnel qui aimerait marcher dans vos traces au travail ? Vous est-il déjà arrivé de penser que vous allez probablement être le plus important modèle dans la vie de votre enfant ? C'est une perspective intimidante, et conséquemment, la plupart des pères, des parents bien sûr, éviteront le problème et n'analyseront pas vraiment comment leur comportement influencera celui de leur enfant – jusqu'à ce qu'il soit trop tard pour faire quoi que ce soit.

Et ce n'est pas seulement quelque chose d'important pour votre famille, mais pour l'ensemble de la société. Si tous les pères étaient d'excellents modèles, comment la société en serait-elle changée pour le mieux au bout de 20 ans ? Par contre, si tous les pères étaient de mauvais modèles, voudriez-vous vivre dans la société qui en résulterait ?

Dès les premiers jours de la vie de votre enfant, vous remarquerez qu'il imite votre comportement, que ce soit en tournant une cuillère autour d'un bol vide ou en copiant vos éternuements. Il apprend de vous de la façon la plus rudimentaire – mais imiter est la façon dont nous apprenons tout. Votre enfant continuera d'imiter et d'apprendre de vous tout au long de son enfance et de son adolescence, ce qui place une lourde charge sur vos épaules. Et le travail de modèle sera rendu encore plus difficile si vous partez du mauvais pied, puis si vous devez passer du temps à tenter de corriger les impressions que vous avez données, alors que votre fils sera déjà enraciné dans son comportement.

Développer des repères

La première personne vers laquelle la plupart des hommes se tourneront quand ils cherchent conseil en ce domaine sera leurs propres pères – quelles sortes de modèles ont-ils été ? Toutefois, souvent,

Nous aimons tous nous enfermer dans notre propre monde, mais, ignorer votre enfant quand il veut vous parler, c'est lui enseigner qu'il n'est pas très important pour vous.

il y aura eu tellement d'influences différentes dans votre vie, ou les qualités sont tellement enracinées dans votre caractère, qu'il peut être difficile d'identifier exactement ce que vous avez pris chez votre père – pour le meilleur ou pour le pire. Un bon départ consiste à demander à votre conjointe. Même si elle ne vous l'a pas dit avant, elle aura un aperçu des similitudes entre vous et votre famille, et les traits que vous avez pris de votre père, que vous aimiez ou non ce qu'elle en dira ! D'une manière ou d'une autre, ce problème occupera un temps de réflexion considérable, ce dont vous ne disposez pas beaucoup en ce moment. Cependant, il est essentiel d'avoir certains principes directeurs auxquels vous rattacher alors que vous faites l'expérience de la paternité. Pas un plan rigide et contraignant, mais des règles qui se développeront à mesure que vous cheminerez, pour procurer une assise et une structure solides à la vie de votre enfant, depuis laquelle il peut travailler et développer son propre caractère.

Une façon de commencer à penser à cela est d'écrire les qualités essentielles que vous aimeriez voir chez votre enfant comme adulte. Ensuite, dressez la liste de vos propres qualités. Comment se comparent-elles ? À cette étape, vous pouvez être prêt à risquer de paraître ridicule en montrant la liste à votre conjointe et en lui demandant si elle l'approuve (peut-être devrait-elle rédiger sa propre liste ?). Si vos listes correspondent raisonnablement, alors vous êtes déjà sur la bonne voie. Toutefois, prenez maintenant la liste de vos qualités et décrivez comment vous illustrez chacune d'elles à votre enfant dans la vie quotidienne. C'est la partie difficile.

Généralement, nous assumons que nous sommes de bonnes personnes et que nos enfants le deviendront aussi. Cependant, peut-être devrions-nous examiner d'un peu plus près notre comportement. Les enfants ne peuvent faire la différence entre le bien et le mal et ne peuvent comprendre l'ironie. Nous, les adultes, nous pouvons voir au-delà de nos habitudes les moins séduisantes et nous accepter comme un tout, équilibrant le bien et le mal, sachant que nous avons de bonnes intentions, même si nous ne le montrons pas toujours. Les enfants, d'un autre côté, nous verront faire des choses, assumeront qu'elles sont bonnes et les adopteront. Par exemple, une recherche récente sur l'intimidation dans les écoles suggère que les petits tyrans sont habitués d'avoir peur et d'être menacés à la maison par leurs parents et, naturellement, ils reproduisent ce comportement dans leurs interactions avec d'autres enfants.

Ainsi, quand vient le temps d'influencer vos enfants, il ne suffit pas d'avoir une liste de principes directeurs, vous devez vivre à la hauteur de ces standards et donner à voir à vos enfants que vous vivez selon ces standards. Si tout cela semble trop théorique pour le moment, il y a un domaine où vous pouvez obtenir des bénéfices rapides et pratiques pour vous et votre enfant et c'est en regardant comment vous et votre conjointe interagissez comme couple. La manière dont votre enfant conduira ses relations sera profondément influencée par le comportement de ses parents. Par conséquent, veillez à garder en privé toute situation difficile, mais laissez votre enfant voir et prendre part aux attentions, à l'affection et aux échanges dans la relation que vous et votre conjointe partagez.

Les questions de discipline

Votre manière de guider et de discipliner votre jeune enfant affectera inévitablement sa manière de grandir et de se comporter quand il sera un enfant plus vieux et un adulte. Trop de discipline autoritaire peut le laisser incapable de décider pour lui-même plus tard dans la vie. D'un autre côté, trop peu de discipline quand il est jeune peut signifier qu'il sera incapable de développer aucun vrai contrôle de soi ou aucune volonté d'accepter la responsabilité de ses actes. Il est donc sensé de suivre une voie plus flexible, qui se trouve quelque part entre ces deux extrêmes. Cette approche comprend des règles fermes, mais la discipline s'accompagne d'explications, de discussions et d'un degré d'indépendance pour votre enfant. Il grandira dans un environnement qui lui apporte du soutien et dans lequel ses besoins sont respectés. Avec un peu de chance, une telle voie produira un enfant plus vieux indépendant, maître de lui et au courant des questions sociales puis, éventuellement, à un adulte aux qualités similaires.

LES RÈGLES D'OR

Ayez une approche conséquente – Il est très important que vous établissiez des limites raisonnables et que vous vous y teniez. Votre enfant sera confus et frustré si on lui permet de faire quelque chose un jour, mais est réprimandé pour avoir fait la même chose le lendemain. Les deux parents doivent convenir d'une stratégie de discipline et éviter de donner à l'enfant l'occasion de manipuler un parent contre l'autre.

Donnez à votre enfant des règles claires – Soyez précis dans vos règles plutôt que de faire de vagues énoncés. Expliquez pourquoi il doit être puni, par exemple parce qu'il a continué de frapper quelqu'un après que vous lui ayez dit d'arrêter. Et ne le punissez pas deux fois – s'il a déjà été averti par un parent, il ne devrait pas être puni encore pour le même écart de conduite.

Utilisez un langage cohérent – Il y a plusieurs façons de dire la même chose, mais votre enfant supposera probablement qu'elles ont toutes un sens différent et deviendra confus. Par exemple, tous ces mots et

DIFFÉRENTS TYPES DE PUNITION

Les réprimandes – Les enfants sont tout disposés à plaire à leurs parents et il s'ensuit qu'un avertissement sévère quand ils font, ou ont fait, quelque chose de vilain, peut être très efficace. Toutefois, cela ne fonctionnera que si c'est utilisé avec modération et conviction. Reprendre sans cesse votre enfant pour le moindre écart de conduite aura un effet contraire et il arrêtera simplement d'écouter. Voici une démarche que vous pourriez suivre quand vous réprimandez votre enfant.

- Assurez-vous d'avoir toute son attention. Regardez-le en face en vous plaçant à son niveau ou assoyez-le sur une chaise.
- Votre voix devrait être ferme et assurée. Utilisez des mots courts et allez droit au but, en lui faisant clairement comprendre pourquoi vous êtes mécontent.
- Attirez son attention sur les conséquences d'un mauvais comportement à répétition.
- Vérifiez qu'il a compris ce que vous avez dit.

Temps mort – C'est une façon simple, impassible et efficace de corriger un mauvais comportement, ou d'extraire votre enfant d'une situation qui se détériore. Quand il se conduit mal, isolez-le dans une autre pièce et dites-lui de s'asseoir calmement sur une chaise où il peut grimper par lui-même. Dites-lui pourquoi il a un « temps mort » et laissez-le là, pendant environ une minute par année d'âge. Idéalement, la pièce devrait être calme et phrases signifient essentiellement « Non » : attends, reste, ne bouge pas, ne fais pas cela, reviens, laisse-le tranquille, arrête. Essayez de convenir avec votre conjointe des ordres simples que vous voulez utiliser, puis usez-en avec cohérence pour obtenir la réaction attendue de votre jeune enfant. Toutefois, rappelez-vous que l'usage excessif de n'importe quel commandement conduira tôt ou tard à l'indifférence.

Félicitez votre enfant – Quand il se conduit bien, assurez-vous de le souligner plutôt que de commenter uniquement les comportements négatifs. Le renforcement positif des bonnes habitudes est la meilleure façon d'améliorer le comportement à long terme.

Ne menacez pas en vain – Ne le menacez que de punitions que vous allez appliquer. Par exemple, dire qu'il n'aura plus jamais la permission de manger du chocolat est une menace qui n'a aucune chance d'être appliquée. Votre enfant plus jeune réalisera vite que vous ne pensez pas ce que vous dites et la discipline à tous les niveaux sera difficile à faire respecter.

Donnez une chance à votre enfant – Assurez-vous qu'il a l'occasion de se reprendre avant de le punir, ou donnez-lui le temps de répondre à votre requête. S'il donne des coups de pied dans une chaise, par exemple, suggérez-lui d'aller dehors donner des coups de pied dans un ballon. Dites-lui que vous allez compter jusqu'à dix et avertissez-le des conséquences s'il refuse d'obéir.

Après une punition, faites la paix avec votre enfant – Une fois que vous avez puni votre enfant, faites-lui savoir que vous l'aimez toujours autant qu'avant, puis passez à autre chose.

non stimulante, comme un corridor. S'il quitte la pièce avant le temps, ramenez-le calmement à la chaise. Répétez autant de fois que nécessaire jusqu'à ce que le temps soit écoulé, en évitant toute discussion. Une fois le temps écoulé, donnez-lui un câlin et oubliez l'incident. Comme avec tout moyen disciplinaire, un emploi excessif réduira l'effet.

La fessée – La plupart des parents sont tentés de donner la fessée à leur enfant à un moment ou un autre, et certains croient qu'une petite fessée est un moyen efficace de corriger un mauvais comportement. Elle devrait seulement toujours être utilisée en dernier ressort, si elle l'est. La fessée est interdite dans certain pays et, même si elle n'est pas illégale, il y a des raisons valides pour son interdiction. Premièrement, vous pourriez blesser votre enfant ou perdre le contrôle de vous-même. Deuxièmement, la fessée est généralement inefficace parce que l'enfant s'y habitue. Et, troisièmement, elle peut induire un comportement agressif chez lui, parce qu'il pense que ce doit être acceptable puisque vous le faites.

Si vous donnez la fessée à votre enfant, elle devrait être donnée immédiatement et avec modération – une bonne tape sur la main quand il se dirige vers une zone à risque – et que toutes les autres tactiques ont échoué. Vous devriez n'utiliser que vos mains et ne donner qu'une tape.

S'attaquer au mauvais comportement

Les enfants ont besoin de limites pour les aider à contrôler leur comportement. En sachant ce qu'on attend d'eux et jusqu'où ils peuvent aller, ils se sentiront en sécurité. Les règles doivent être établies et le mauvais comportement contrôlé. Cependant, comme un tout-petit commence à peine à contrôler son corps et son comportement, votre discipline doit donc être appropriée à l'âge et à la compréhension de votre enfant.

Même quand votre enfant est assez vieux pour comprendre les règles, il est normal qu'il essaie d'en repousser les limites, juste pour voir ce qu'il peut se permettre. Par ailleurs, vous pouvez souvent tuer dans l'œuf un conflit potentiel en anticipant un mauvais comportement et en retirant votre enfant de la scène, étant averti des éléments déclencheurs, ignorant les infractions mineures et essayant d'éviter d'avoir à dire « Non » à répétition.

Il peut être très facile pour les papas modernes de se glisser dans des habitudes plus souvent associées avec l'image traditionnelle et disciplinaire du père. Nous sommes probablement plus enclins à adopter la ligne dure que notre conjointe à cause de notre propre éducation mâle. Cela est renforcé par l'instinct naturel d'aider notre conjointe en prenant le contrôle de la situation et, de prime abord, cela semble fonctionner. Votre tout-petit peut ignorer les plaintes de votre conjointe, mais une réprimande sévère de votre part le surprend et il réagit comme vous le souhaitez. Toutefois, l'impact s'amenuise bientôt et, chaque soir, vous vous retrouvez à crier de plus en plus fort pour vous faire entendre. Où cela finira-t-il?

La discipline dans la famille est affaire d'équipe – et de travail ardu. Vous ne pouvez pas espérer résoudre les problèmes disciplinaires de votre fils avec une mise au point rapide chaque soir. Si votre conjointe s'occupe de lui toute la journée, elle exerce alors la plus grande influence sur son comportement. Toutefois, elle n'est pas coupable d'avoir épuisé ses options parce que, comme vous le savez, prendre soin d'un tout-petit est un travail difficile.

Le secret pour résoudre le problème est de convenir d'une approche concertée vous accommodant tous les deux, même si cela exige une grande discipline personnelle et prendra inévitablement plus de temps pour sa mise en application que la cure miracle que vous (et tous les autres parents!) recherchez.

Essayez d'en discuter la fin de semaine, quand la pression est moindre, et introduisez des changements graduels pendant le jour et le soir pour obtenir éventuellement l'effet désiré. Ce doit être une approche conjointe, fixant des limites cohérentes aux stratégies concertées, 24 heures sur 24. Même alors, votre jeune enfant trouvera encore des failles, et les fins de journée seront toujours éprouvantes mais, au moins, vous serez sur la bonne voie. Et, lorsque vous vous demanderez si tant d'efforts valent la peine, rappelez-vous seulement le pourquoi de ce que vous faites: vous voulez que votre enfant vous respecte, non pas qu'il vive en vous craignant.

PARLONS DE... | LA DISCIPLINE

Pourquoi vous percevez-vous toujours comme le méchant? Vous rentrez à la maison après le travail et c'est le chaos qui vous attend. Votre fils fait une émeute et votre conjointe est en larmes. Vous lui reprochez son manque de discipline, puis vous criez après votre fils quand vous n'arrivez pas à le coucher. Votre conjointe crie alors après vous parce que vous criez après votre fils. Quand la fin de semaine arrive, elle en a assez de ses caprices et vous cède la discipline. Mais alors vous sentez que le peu de temps que vous avez avec votre fils se passe en dispute avec lui. Est-ce que cela vous paraît familier? La première chose que vous devez faire, c'est vous asseoir calmement avec votre conjointe et essayer d'avoir avec détachement une vue d'ensemble de la situation. La seule manière de vous attaquer au problème, c'est en faisant équipe. Mettez au point une stratégie simple, avec une date de départ. Tenez-y et ne changez de plan qu'avec le consentement de votre conjointe.

S'attaquer aux caprices

La plupart des enfants âgés de 18 mois à trois ans sombrent dans des rages incontrôlables ou piquent une crise pour un caprice occasionnellement – quoique certains y soient moins sujets que d'autres. Les enfants obstinés ou fermement décidés, par exemple, en ont plus souvent que les types placides et accommodants. Chez certains enfants, faire un caprice donnera lieu à un bref accès de rage vite éteint mais, pour d'autres, cela peut durer longtemps, avec l'enfant étendu par terre, battant des bras, ruant, criant, lançant des objets ou retenant son souffle.

Piquer une crise occasionnelle par caprice peut, en fait, être bon pour le développement émotif de votre enfant. Cela peut relâcher sa frustration contenue et lui enseigner qu'il est normal de se sentir en colère, mais que sa manifestation doit être contrôlée. Cela signifie aussi que votre enfant a l'énergie et l'assurance qui lui seront fort utiles plus tard. Par contre, trop de caprices épuisent toute la famille et peuvent dégénérer en comportement incorrect, voire délinquant. Donc, si votre enfant cède à de fréquents caprices, essayez d'en comprendre les raisons et, autant que possible, évitez les situations qui les déclenchent (voir les causes ci-dessous).

PARLONS DE... | LA FESSÉE

Si vous parvenez à éviter de donner la fessée à votre jeune enfant, vous faites très bien. Vous viendrez certainement près de le faire à l'occasion et c'est un problème que vous devez discuter avec votre conjointe avant que votre enfant n'atteigne l'âge où ce sera une possibilité. Vous devez savoir comment chacun de vous se sent face à cela et discuter des façons d'éviter une telle mesure extrême. Si cela arrive, vous vous sentirez sans doute coupable par la suite et vous devrez revenir sur l'incident, sans blâmer qui que ce soit, afin d'en tirer les bonnes leçons. Assurez-vous aussi que, si l'un d'entre vous donne une fessée à votre enfant, vous vous excuserez auprès de lui, lui donnerez un câlin et lui direz combien vous l'aimez.

Retenir son souffle

Il n'est pas inhabituel qu'un jeune enfant retienne son souffle quand il fait une crise. L'enfant devient de plus en plus rouge, puis vire au bleu ou peut devenir blanc. La respiration reprend habituellement à ce stade mais, parfois, l'enfant devient raide ou mou, ou peut même s'évanouir. Voir votre enfant retenir son souffle est très effrayant, mais il est hautement improbable que celui lui nuise. S'il perd conscience après avoir retenu son souffle, vérifiez avec votre médecin afin d'écarter toute cause médicale. Sinon, aussi difficile que ce soit, ignorez votre enfant quand il retient son souffle – ne le giflez pas ou ne versez pas d'eau froide sur lui. Dans le cas peu probable où il devienne brièvement inconscient, surveillez-le attentivement, mais éloignez-vous dès qu'il reprendra ses sens.

Se cogner la tête

Entre un an et deux ans, si un enfant n'a pas ce qu'il désire ou s'il pique une crise, il peut se cogner la tête contre le mur ou le plancher. Quoique vous craigniez que votre enfant se fasse du mal, les blessures sont rares. S'il est normal par ailleurs, on ne doit pas s'en faire quand l'enfant se cogne la tête et il est préférable de l'ignorer. Certains enfants se cognent aussi la tête avant d'aller dormir, ou s'ils sont fatigués ou ennuyés.

Pourquoi un enfant pique-t-il une crise par caprice ?

- *Un comportement pour attirer l'attention* – Les tout-petits adorent être le centre d'attention et faire un caprice peut être une façon d'y parvenir.
- *La frustration* – Cela peut venir du fait que votre enfant n'a pas la permission de faire ce qu'il veut, qu'il est incapable de faire quelque chose à cause de ses possibilités limitées ou qu'il doit faire quelque chose qu'il ne veut pas faire. Choisissez vos batailles, et ne vous battez pas pour des peccadilles qui n'en valent pas la peine, comme vous opposer à ce qu'il porte de vieilles chaussettes ou ne pas le laisser enfiler le t-shirt qu'il veut porter.

- *L'imitation* – Il aura pu voir et copiera un autre enfant ou un adulte qui fait un caprice.
- *Le chantage* – Il peut se servir d'un caprice comme un moyen de faire les choses à sa manière.
- *La fatigue* – Les caprices sont plus courants chez les enfants fatigués ou surexcités.
- *La faim* – Des enfants ont besoin de manger régulièrement et, si les heures de repas sont trop espacées, votre enfant peut être affamé. Assurez-vous qu'il a des collations nourrissantes entre les repas.
- *L'incohérence* – Lui permettre de faire certaines choses, mais pas d'autres, sans règles claires, ou un parent qui dit «Oui» et l'autre «Non» est mêlant et frustrant pour votre jeune enfant.
- *Des attentes irréalistes* – N'en n'attendez pas trop d'un jeune enfant; prévoyez des temps de repos dans la journée. Si sa journée renferme trop d'activités ou si vous vous attendez à ce qu'il vienne magasiner après une journée chargée à la maternelle, alors une explosion est à craindre.

Résoudre les crises

Aussi loin que possible, essayez d'identifier les situations de déclenchement et évitez-les. Néanmoins, si votre enfant pique une crise, essayez de rester calme et rappelez-vous que, avec le temps, il dépassera cette phase difficile.

En vieillissant, vous serez capable de lui parler plus ouvertement des sentiments de colère et des façons de s'en sortir. D'ici là, ne vous mettez pas en colère vous-même, ne lui cédez pas et n'essayez pas de venir à bout du caprice avec des pots-de-vin, une fessée ou des friandises. Essayez plutôt ce qui suit.

- *La distraction* – Pointez quelque chose à la fenêtre ou suggérez une sortie au parc.
- *L'ignorance* – Si votre enfant n'a pas d'auditoire, il ne peut pas se donner en spectacle. Mettez-le dans une autre pièce jusqu'à ce que la crise soit passée ou, s'il est en sécurité, vous quittez la chambre. En public, décidez si vous restez sans bouger jusqu'à ce que la crise s'épuise et ignorez tous les commentaires ou regards désapprobateurs, ou si vous le retirez physiquement de la scène avec le moins d'histoires possible. S'il donne des coups et crie, enlevez tout objet potentiellement dangereux à sa portée, afin qu'il ne se blesse pas.
- *Des jouets «pour défouler»* – Fournissez à votre enfant des exutoires alternatifs pour la colère et la frustration. Les tambours jouets ou autres instruments de musique l'aideront à extérioriser ses sentiments et les canaliseront de façon constructive, de même que les activités physiques comme faire du tricycle. Vous pouvez aussi l'encourager à s'exprimer en coloriant, dessinant ou peignant des images.
- *Participez* – Si votre enfant crie, accompagnez-le pendant quelque temps, puis baissez le ton graduellement – votre enfant vous copiera probablement jusqu'à ce que vous murmuriez tous

PARLONS DE... | L'ANTISTRESS

Vote conjointe est de plus en plus stressée par le comportement difficile de votre tout-petit – des crises régulières et de constantes pleurnicheries entre elles. À vrai dire, c'est une attitude normale alors que votre enfant lutte pour accepter le monde tel qu'il est et se bat contre ses propres limites. Néanmoins, ça ne rend pas les choses plus faciles à gérer. L'accumulation de stress durant la journée entraîne que votre conjointe réagira probablement mal et que, en retour, l'enfant deviendra plus larmoyant et exigeant. C'est un cercle vicieux, mais vous pouvez aider votre conjointe à atténuer ses effets. D'abord, encouragez-la à prendre un congé complet de la maison en sortant pour une nuit ou une fin de semaine avec une amie. Avec de la chance, elle reviendra rafraîchie et plus en mesure d'avoir une vision objective de la situation. Aidez-la à identifier les périodes les plus problématiques de la journée, lorsqu'elle a vraiment besoin d'être «hors jeu». Tout ce qu'elle pourra faire pour briser l'addition de stress contribuera à lui épargner le sentiment d'accablement vers la fin de la journée.

les deux. Cela aidera à lui montrer que la colère est plus acceptable quand elle s'exprime en mots plutôt qu'en violence physique.

- *Se réconcilier* – Une fois la crise terminée, dites à votre enfant qu'il est naturel de se sentir en colère et que vous vous sentez aussi en colère, parfois. Assurez-vous qu'il sait que vous l'aimez toujours et que ce n'est que son comportement que vous n'aimez pas. Rappelez-vous de le féliciter une fois qu'il aura repris le contrôle.

Aider votre enfant à s'entendre avec les autres

Les habiletés et les comportements sociaux sont importants pour qu'un individu indépendant émerge éventuellement de votre jeune enfant. Ces habiletés incluent la capacité de rencontrer, se mêler et communiquer avec d'autres personnes; apprendre comment jouer, partager, avoir son tour avec d'autres et accepter les règles; maîtriser l'entraînement à la toilette, adhérer aux standards généraux de propreté et manger de façon «convenable». En acquérant ces habiletés sociales, il acquerra aussi de l'indépendance et de la confiance en soi, et apprendra à s'apprécier lui-même et à apprécier les autres.

Apprendre à se faire des amis et s'entendre bien avec les gens est une part essentielle de la croissance. Un enfant amical et apprécié a plus confiance en lui et plus d'occasions d'avoir du plaisir et de jouer.

Tous les enfants ne sont pas naturellement confiants et sociables; toutefois, comme tout le reste, la capacité de se faire des amis et de socialiser doit être apprise. Les jeunes enfants sont «égocentriques», c'est-à-dire qu'ils sont le centre de leur propre monde. Votre jeune enfant sera incapable de comprendre le concept du partage ou les sentiments des autres; jouer avec d'autres enfants mènera souvent à des larmes autour d'un jouet convoité.

Alors que sa connaissance de soi grandira, votre enfant devrait cependant commencer à démontrer qu'il est conscient que ce qu'il ressent est ressenti par d'autres; c'est ce que l'on appelle l'empathie. Il peut même réagir à l'angoisse d'une autre personne en devenant lui-même angoissé. L'empathie peut encourager un enfant à devenir plus généreux et moins égoïste quand il joue avec d'autres et c'est quelque chose que vous devriez l'aider à développer.

Alors que des aspects de la personnalité de votre enfant pouvaient être apparents à la naissance (selon qu'il pleurait beaucoup ou était placide, par exemple), sa vraie personnalité deviendra vraiment manifeste entre l'âge de deux et trois ans.

Pendant qu'il apprend à maîtriser les diverses habiletés de locomotion et de manipulation, il deviendra conscient de sa capacité à influencer ses propres actions et celles des autres.

Quand ses efforts ne porteront pas leurs fruits, il éprouvera aussi des sentiments de honte et d'échec. Il doit apprendre à faire face à ses succès comme à ses échecs de façon acceptable en vue de devenir un individu bien équilibré.

Vous pouvez aider votre enfant à mieux intégrer les différents aspects de sa personnalité – activité, sociabilité et émotivité – en lui montrant comment s'attaquer aux problèmes avec succès, en le distrayant quand il devient frustré et en l'habilitant à construire une image de lui positive par des éloges et sans ridiculiser ses peurs.

Promouvoir les habiletés sociales

- Assurez-vous que votre enfant soit familier avec d'autres enfants en allant à des endroits où d'autres enfants sont présents.
- Encouragez des comportements affectueux envers d'autres personnes, des animaux et des poupées.
- Servez-vous des transports publics pour les sorties et rendez-vous dans les supermarchés et les restaurants où il apprendra à faire la queue et attendre son tour.
- S'il se dispute avec un autre enfant autour d'un jouet, essayez de ne pas intervenir immédiatement, mais restez tout près pour arbitrer tout conflit et introduire l'idée de partage et de « chacun son tour ».
- Dès que votre enfant devient assez vieux pour comprendre, louer tout effort de partage. Au début, il peut partager seulement pour vous plaire plutôt que par sens de la justice. Suggérez que chaque enfant ait son tour de jouer avec un jouet préféré. Vous pourriez régler un réveil qui sonnerait toutes les cinq minutes environ.
- Enseignez-lui à dire « S'il vous plaît » et « Merci » aux moments appropriés.

Le bien et le mal

Vers l'âge de trois ans, vous devez vous assurer que votre jeune enfant connaît la différence entre une « bonne » et une « mauvaise » action. Expliquez à votre jeune enfant de manière simple pourquoi vous voulez qu'il fasse une chose et pas une autre. La plupart des enfants aiment faire ce qui est bien, même si ça ne les empêche pas toujours d'être vilains, parce qu'être vilains est une très bonne façon d'attirer votre attention.

Plutôt que de vous concentrer sur les aspects négatifs de la personnalité, la meilleure voie consiste à utiliser le renforcement positif autant que possible. Félicitez votre jeune enfant quand il tient compte des situations ou des sentiments d'autres personnes.

Plusieurs jeunes enfants mêlent chimères et réalité ou vous disent des choses qui ne sont pas tout à fait vraies. Ce n'est pas mentir, mais un aspect naturel du comportement à cet âge – certains psychologues croient que les enfants ne sont capables de mentir qu'après l'âge de quatre ans.

Certains enfants utilisent constamment le mot « Non », même quand ils veulent dire « Oui », mais c'est simplement leur façon d'essayer d'affirmer leur autorité.

Des problèmes avec la sociabilité

Certains enfants ont des problèmes à fixer leur attention sur quoi que ce soit pendant un certain laps de temps, incluant le jeu avec d'autres enfants. D'autres traversent une phase de caprices et de crises, d'agressivité, d'insécurité extrême ou de changements d'humeur rapides et fréquents. Souvent, c'est une phase naturelle du développement et vous ne devez pas vous en inquiéter. Toutefois, si le « mauvais » comportement de votre enfant perdure ou si vous avez de la difficulté à y faire face, demandez à votre médecin ou à votre infirmière du CLSC des conseils.

Guide de la santé du bébé

Prendre soin de la santé de votre bébé

Chaque année, au Royaume-Uni, les femmes consultent leurs médecins pour des raisons de santé deux fois plus souvent que les hommes. C'est toujours la même vieille histoire des hommes qui ne sentent pas le besoin de discuter de leurs problèmes de santé, mentale ou physique, avec qui que ce soit. Par conséquent, ce peut être un choc pour un nouveau père lorsqu'il doit amener son enfant dans le cabinet d'un médecin. Vous ne serez peut-être pas familier avec les procédures et l'étiquette de la salle d'attente ou de la consultation, et vous pourriez être mal à l'aise lorsque vous décrirez les symptômes de votre enfant au médecin.

Maintenant que plus de papas jouent un rôle actif dans les soins à donner à leurs enfants et que la recherche démontre à quel point ils prennent à cœur la santé et le développement de l'enfant, même les institutions médicales reconnaissent désormais que les pères ont besoin de plus d'aide de la part des médecins. L'American Academy of Pediatricians a publié récemment des recommandations destinées à ses membres, lesquelles allaient aussi loin que de les encourager à changer leurs pratiques et leur style cliniques pour mieux satisfaire et impliquer les pères.

Pour vous familiariser avec la routine du bureau du médecin local ou du CLSC, un bon moyen consiste à accompagner votre conjointe quand votre bébé doit recevoir ses premiers vaccins. La mise à jour des vaccinations régulières est vitale pour la santé de votre enfant, mais les injections peuvent s'avérer une expérience pénible pour le bébé comme pour les parents. Par conséquent, il est tout à fait approprié d'apporter votre soutien à votre conjointe lors du premier rendez-vous, à tout le moins.

Durant les premières années de parentage, il pourra vous sembler que votre enfant est toujours malade alors qu'il se fraye un chemin à travers l'inévitable corvée de contracter presque toutes les maladies présentes dans la communauté tout en développant son système immunitaire. C'est épuisant pour toute la famille, surtout quand les microbes sont contagieux. En outre, il importe de prendre conscience de la tension supplémentaire que subit votre conjointe quand elle prend soin d'un enfant malade et exigeant. Ce peut être plus pénible encore si votre conjointe le nourrit au sein, parce qu'elle peut littéralement être drainée de son énergie par les efforts du bébé qui cherche à se réconforter en tétant sans cesse. Alors que les bébés allaités au sein contractent moins d'infections que les bébés nourris au biberon, ça ne semblera pas le cas sur le moment.

Ainsi, malgré que ce soit votre bébé qui est malade, ce peut être une période très pénible pour les

PARLONS DES... JOURS DE MALADIE

Lorsque votre conjointe et votre enfant sont malades en même temps, et que votre conjointe se démène pour prendre soin de votre enfant, c'est alors qu'elle a vraiment besoin de sentir votre implication envers la famille. Cependant, qu'arrive-t-il si vous subissez des exigences de performance au travail et que vous êtes tiraillé par les priorités financières et émotives? Vous devez votre loyauté primordiale à votre famille, mais vous devez être tout à fait franc avec votre conjointe. Déterminez exactement ce qu'elle croit possible ou quels services pourraient vous rendre des amis – vous pouvez être sûrs qu'ils auront besoin d'aide en retour, un jour ou l'autre. Plus longtemps votre conjointe se démènera seule, plus longtemps durera la maladie, selon toutes les probabilités. Un jour de repos peut signifier qu'elle sera plus en mesure de s'en sortir le lendemain. Tout le monde tombe malade un jour ou l'autre et prendre un congé de maladie pour vous occuper de votre famille ne devrait pas être différent d'en prendre un lorsque vous êtes malade. Aussi longtemps que vous pourrez conserver votre crédibilité au travail, il ne devrait pas y avoir de motif de vous sentir coupable.

mamans et les papas, pendant laquelle il est même difficile de faire face à des maladies bénignes. Quand vous êtes debout au milieu de la nuit à essayer de prendre la température ou à vous démener pour administrer un médicament à un bébé brûlant et en larmes, ce peut être un dilemme angoissant que d'essayer de décider si le problème est assez grave pour avoir recours au médecin. Par ailleurs, la recherche a démontré que, lorsqu'un enfant est fiévreux, les parents tendent à prendre des relevés de température incorrects et leur administrent ensuite de mauvaises doses de médicament et du mauvais type de médicament. La clé pour bien faire les choses dans de telles situations, c'est d'avoir tout l'équipement et les médicaments nécessaires sous la main et d'avoir un bloc-notes pour noter ce que vous faites, les symptômes affichés par votre enfant et à quel moment. Cela vous aidera à garder le contrôle de la situation et fournira un témoignage au médecin qui l'aidera à poser son diagnostic, si cela s'avérait nécessaire. Il y a aussi des règles à suivre simples, lesquelles peuvent contribuer à réduire la tension de la situation (voir l'encadré).

À quel moment vous rendre chez le médecin ?

Comme les nouveau-nés peuvent tomber malades très vite, il est important d'être averti des symptômes qui peuvent signaler la maladie. Si votre bébé manifeste l'un ou l'autre des symptômes suivants, ou semble souffrant, un avis médical est requis d'urgence.

- Une pâleur ou une couleur bleuâtre autour de la bouche ou sur le visage.
- De la fièvre avec une température de 38 °C (100,4 °F) ou plus.
- Le corps du bébé devient mou ou raide..
- Ses yeux sont roses, injectés de sang, produisent des sécrétions blanches et collantes, ou ses cils sont collés ensemble.
- Des plaques blanches à l'intérieur de la bouche.
- Des rougeurs ou une sensibilité autour du nombril.
- Le nez obstrué par du mucus, rendant difficile la respiration de votre bébé quand il tète.
- La diarrhée – plus de six à huit selles liquides par jour.
- Des vomissements en fusée.

UN RENDEZ-VOUS CHEZ LE MÉDECIN

Ces conseils devraient vous aider à tirer le maximum d'un rendez-vous chez le médecin avec votre bébé, apaisant votre anxiété et offrant au médecin les meilleures chances de poser un diagnostic précis.

1. Dressez la liste des symptômes de votre enfant et indiquez quand ils se sont manifestés.
2. Notez par écrit tout médicament que vous avez administré à votre enfant, de même que l'heure et la dose.
3. Habillez votre enfant avec des vêtements amples et faciles à retirer afin que le médecin puisse l'examiner rapidement et aisément. Gardez votre enfant au chaud dans une couverture ou un manteau, au besoin.
4. Si vous n'êtes pas allé chez le médecin récemment, demandez à votre conjointe comment procéder une fois sur place.
5. Apportez un biberon pour le bébé et tout le nécessaire pour un changement de couche, comme pour tout autre déplacement.

- Des vomissements qui durent six heures ou plus, ou qui sont accompagnés de fièvre ou de diarrhée.
- Le refus de s'alimenter.
- Des pleurs durant des périodes anormalement longues.
- Des selles sanguinolentes.

Lorsque votre bébé est malade

Il y a quelques habiletés de base que vous devez maîtriser afin de conforter votre bébé malade et vous assurer que les médicaments sont administrés comme il se doit. Les jeunes enfants peuvent être très hostiles à l'idée d'accepter quelque chose qui est bon pour eux et il faudra souvent les efforts conjugués des deux parents pour administrer un médicament. Ne vous attendez pas à réussir au premier essai et ayez toujours un linge ou des papiers-mouchoirs sous la main pour éponger les dégâts!

Prendre la température – La température d'un jeune bébé devrait être prise sous son bras. Si vous utilisez un thermomètre numérique, essuyez l'aisselle de votre bébé pour en enlever toute sueur, puis placez l'embout sous son aisselle et gardez son bras près de son corps pour maintenir l'appareil en place. Laissez le thermomètre en place trois à quatre minutes ou jusqu'au bip. Contactez votre médecin si la température s'élève à 38 °C (100,4 °F) ou plus. Mentionnez toujours que c'est une température axillaire (c'est-à-dire prise sous le bras), parce que celle-ci donne une lecture un peu plus basse.

Dans le cas d'un enfant plus vieux, un thermomètre auriculaire numérique sera un investissement qui vaudra son pesant d'or, car il fournit une lecture immédiate et la garde en mémoire. Les bandes-thermomètres qui peuvent être appliquées sur le front du bébé paraissent plus faciles d'emploi, mais elles sont souvent peu fiables et difficiles à lire.

Administrer un médicament à l'aide d'une seringue orale – Cela peut s'avérer une excellente solution de rechange à la méthode classique de la cuillère si votre bébé refuse d'ouvrir la bouche ou ne tient pas en place. Tenez-le dans vos bras et insérez le bout de la seringue entre ses gencives arrière et sa joue, en évitant ses papilles gustatives. Injectez lentement le médicament pour éviter tout risque d'étouffement et pour éviter de toucher l'arrière de la langue avec la seringue pour le cas où cela provoquerait un haut-le-cœur.

Administrer un médicament à l'aide d'une fausse seringue – Cette seringue est munie d'un embout en forme de tétine qui permet à votre bébé de téter alors que vous lui donnez le médicament. Tenez le bébé sur vos genoux, soutenant sa tête dans le creux de votre bras. Placez le bout de la seringue dans sa bouche, comme vous le feriez d'un biberon, et poussez lentement sur le piston.

Administer des gouttes ophtalmiques – Ce peut être une opération délicate et il serait avisé d'emmailloter votre bébé pour l'empêcher de se tortiller. Couchez-le sur le dos et tournez sa tête sur le côté, l'œil infecté au plus près de votre jambe. En prenant soin de ne pas toucher l'œil avec le compte-gouttes, tirez sa paupière inférieure vers le bas et faites-y tomber les gouttes. Vous pourriez avoir besoin d'aide pour immobiliser sa tête.

Administrer des gouttes auriculaires – Couchez votre bébé sur le côté, l'oreille affectée tournée vers le haut. Comme le médicament doit tomber dans le canal auditif, redressez celui-ci en tirant délicatement sur le lobe de l'oreille. Approchez le compte-gouttes de l'oreille pour vous assurer d'atteindre la cible et tenez la tête de votre bébé immobile tandis que les gouttes pénètrent, utilisant des boules d'ouate pour éponger tout débordement.

Éponger votre bébé – Abaisser la température élevée de votre bébé le réconfortera et l'aidera à être moins irritable. Enveloppez-le dans une serviette et assoyez-le sur vos genoux. Essuyez-le délicatement avec une éponge imbibée d'eau préalablement bouillie et refroidie jusqu'à ce que tiède.

Prendre soin de quelques maladies courantes

Les rhumes

Les rhumes sont causés par différents virus et votre enfant est susceptible de contracter environ huit rhumes par année jusqu'à l'âge de 12 ans, après quoi son immunisation s'accroît. Une toux peut accompagner un rhume mais, si votre enfant mange et respire normalement – c'est-à-dire qu'il n'a pas la respiration sifflante –, il n'y a habituellement pas lieu de vous inquiéter. Quoique incommodants, les rhumes et la toux nécessitent rarement un traitement; les antibiotiques ne sont ordinairement pas prescrits, à moins qu'une infection pulmonaire ne se développe.

Appliquez de la vaseline autour du nez de votre enfant pour l'empêcher de s'irriter. Gardez votre enfant rafraîchi et donnez-lui beaucoup de liquides. Évitez de trop avoir recours aux sirops et autres produits contre la toux – une boisson chaude au citron et au miel peut être tout aussi calmante.

Consultez votre médecin si votre enfant semble éprouver de la difficulté à respirer ou si sa respiration est sifflante, si sa température est élevée ou s'il semble éprouver des douleurs lorsqu'il tousse, ou si la toux persiste longtemps.

Le croup

Infection respiratoire du larynx, le croup est causé par un virus ou une bactérie. Il est fréquent chez les enfants jusqu'à l'âge de quatre ans. Il se caractérise par une toux rauque comme un jappement, le nez qui coule, l'enrouement, une respiration bruyante et la fièvre. La plupart des cas de croup sont bénins et ne durent pas longtemps, mais ce peut être très alarmant.

Si votre enfant contracte le croup, restez calme ou vous pourriez l'effrayer davantage. Rassurez-le et assoyez-le. Donnez-lui beaucoup de boissons chaudes et la dose recommandée de paracétamol contre la fièvre en général. Une atmosphère humide peut aider sa respiration. On peut la créer en faisant chauffer une bouilloire ou couler les robinets d'eau chaude dans la salle de bain, en utilisant un humidificateur ou en plaçant des serviettes humides sur un radiateur. Si vous utilisez la vapeur, prenez soin d'éviter toute brûlure. Gardez la porte et les fenêtres fermées et encouragez votre enfant à respirer profondément.

Néanmoins, appelez votre médecin sur-le-champ ou conduisez votre enfant à l'hôpital s'il souffre, a de la difficulté à respirer ou à avaler, devient bleu ou si les côtes ou la région sous les côtes se creusent quand il respire.

La fièvre

Si la peau de votre bébé est chaude au toucher, s'il rechigne à se nourrir, s'il est léthargique ou montre des signes d'une possible infection, comme un rhume, vérifiez s'il fait de la fièvre. S'il a moins de trois mois, la plupart des médecins considèrent toute température supérieure à 38 °C (100,4 °F) comme étant une fièvre.

Il y a plusieurs raisons pour lesquelles un bébé peut faire de la fièvre tout juste après sa naissance. Par exemple, sa mère peut avoir eu une infection qu'elle lui a transmise. Même si la température de la mère est normale, une infection peut provoquer de la fièvre chez son bébé. Plus rarement, une température élevée peut être reliée à l'environnement du bébé; si la salle d'accouchement ou la pouponnière est trop chaude, la température d'un bébé peut s'élever.

Peu importe la cause, on ne devrait jamais négliger une température élevée chez un bébé; elle peut être le premier signe d'un problème plus grave. Une température élevée chez un nouveau-né indique habituellement une infection quelconque. Il peut avoir contracté une infection bactérienne durant l'accouchement ou il peut avoir été infecté par un virus du rhume au contact d'un visiteur. D'une manière ou d'une autre, un professionnel de la santé devrait toujours examiner un jeune bébé qu'on soupçonne fiévreux, pour le cas où un traitement serait requis.

Ce qui est particulièrement important quand votre enfant est fiévreux, c'est de noter sa température chaque fois que vous la prenez, afin de suivre et de conserver une trace de son évolution. En outre, gardez à l'esprit qu'il existe plusieurs moyens pour abaisser la température élevée de votre bébé avant de recourir aux médicaments. Observez son environnement immédiat et demandez-vous: « Qu'est-ce qu'il porte? Peut-on lui enlever tel ou tel autre vêtement? Fait-il trop chaud dans la pièce et, dans ce cas, puis-je la rafraîchir? Est-il couché sur une épaisse couverture qui réfléchit la chaleur? Si c'est le cas, puis-je l'enlever? En le tenant si près de moi, ma propre chaleur corporelle contribue-t-elle à augmenter sa température? Devrais-je le recoucher? Quand lui ai-je donné une boisson froide la dernière fois? Devrais-je lui donner un peu d'eau? » Ces mesures devraient aider tandis que son corps lutte contre l'infection.

Les crises hyperpyrétiques

La température normale du corps est de 37°C (98,6°F). Si celle de votre enfant s'élève trop au-dessus de la normale (38,5°C [101,3°F]), cela peut provoquer une crise hyperpyrétique (appelée autrefois convulsion fébrile). Votre enfant devient brusquement rigide, les yeux fixes sans ciller, ou ses membres se mettent à tressauter et à s'agiter. Il peut devenir bleu et s'évanouir quelques minutes. Quoique terrifiantes, les crises hyperpyrétiques sont très courantes, surtout chez les enfants âgés de six mois à trois ans, et sont dues au mécanisme d'abaissement de la température situé dans le cerveau de l'enfant, mais qui est encore trop immature pour faire face à la situation.

Pour empêcher une fièvre de devenir convulsive, déshabillez votre enfant et épongez-le entièrement à l'eau tiède. En s'évaporant, l'eau contribuera à abaisser sa température. N'utilisez pas d'eau froide, parce que cela causera la contraction des vaisseaux sanguins et moins de chaleur sera perdue.

Asséchez-le en le tapotant et couvrez-le légèrement avec un drap en coton. Vérifiez régulièrement sa température et remettez-lui des vêtements graduellement. Si sa température s'élève de nouveau, répétez l'opération à l'éponge ou éventez-le. Offrez-lui beaucoup de boissons froides.

Donnez à votre enfant du paracétamol (1,25 mg/kg par dose) et de l'ibuprofène (5 mg/kg par dose) en alternance, selon les indications sur l'emballage. Cela est plus efficace pour abaisser la température ou la fièvre que d'administrer un seul de ces médicaments. Ne donnez jamais de l'aspirine à un enfant de moins de 12 ans, sauf sur prescription d'un médecin.

Si votre enfant tombe dans les convulsions, essayez de ne pas céder à la panique. Continuez de l'éponger et assurez-vous qu'il est rafraîchi, mais non pas refroidi. Déplacez tout objet potentiellement dangereux hors de portée et couchez-le sur le ventre ou sur le flanc, avec la tête tournée sur le côté et légèrement relevée vers l'arrière, afin de dégager les voies respiratoires. Retirez tout objet de la bouche de votre enfant. Ne mettez rien dans sa bouche. Restez auprès de votre enfant. La plupart des crises cessent au bout de trois minutes. Rassurez votre enfant et appelez votre médecin ou l'ambulance.

La méningite

C'est une inflammation des membranes qui enveloppent le cerveau et la moelle épinière. Elle est habituellement causée par une infection virale ou bactérienne. La méningite virale peut être causée par nombre de virus différents et elle est fréquemment bénigne, sans effets secondaires à long terme. Très occasionnellement, elle peut être sévère et peut entraîner de graves problèmes.

Chez le nouveau-né, la méningite bactérienne est habituellement causée par le streptocoque du groupe B. Chez les bébés de plus de trois mois, les trois formes les plus courantes de méningite sont: l'hæmophilus influenza de type B (Hib); le méningocoque des groupes A, B et C. Le groupe B est le plus courant, mais le groupe C est le plus grave et requiert un traitement immédiat à l'hôpital, car il peut être fatal s'il n'est pas traité à temps.

Si vous suspectez une méningite, appelez aussitôt un médecin et conduisez votre enfant d'urgence à l'hôpital pour un examen. Comme la méningite peut être difficile à diagnostiquer, votre professionnel de la santé pourrait pratiquer une ponction lombaire pour confirmer tout diagnostic. Si on suspecte une méningite bactérienne, on administrera des antibiotiques. Un test auditif pourra être pratiqué après quatre semaines, car la surdité est l'effet secondaire le plus fréquent de la méningite bactérienne. Si l'infection est virale, votre bébé devrait s'en remettre au bout de quelques jours.

LES SIGNES DE MÉNINGITE

- Pleurs aigus.
- Somnolence ou léthargie.
- Fontanelles (petit creux) protubérantes au sommet de la tête d'un bébé.
- Vomissement.
- Refus de s'alimenter.
- Pâleur de la peau et membres froids.
- Sensibilité à la lumière.
- Fièvre et expression vide, fixe.
- Raideur du cou.
- Respiration difficile.
- Convulsion avec rigidité corporelle et spasmes.
- Taches pourpres rougeâtres qui ne disparaissent pas si on les presse avec un verre et qui se transforment en meurtrissures sous la peau.

Les maux d'oreille

Une douleur dans l'oreille peut être due à une infection dans l'oreille moyenne (otite moyenne ou antrite), à une autre infection comme la rougeole ou les oreillons, ou à un mal de dents. Les symptômes comprennent la fièvre, une douleur intense,

PREMIERS SOINS EN CAS D'ÉTOUFFEMENT

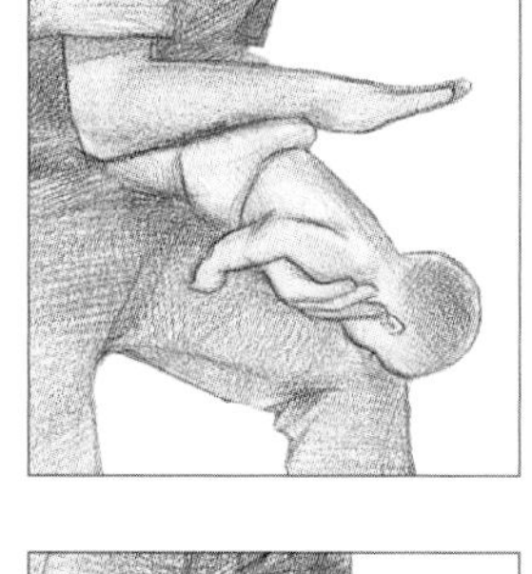

Les bébés de moins d'un an s'étouffent habituellement parce qu'ils ont aspiré un corps étranger, qui peut se loger à l'arrière de la gorge et provoquer un spasme musculaire. Cela peut bloquer les voies respiratoires et ce corps doit être retiré immédiatement. Si vous soupçonnez que votre bébé s'étouffe, mais peut encore pleurer et tousser, laissez-le tousser. Observez attentivement, mais ne lui tapotez pas le dos et ne lui donnez pas d'eau.

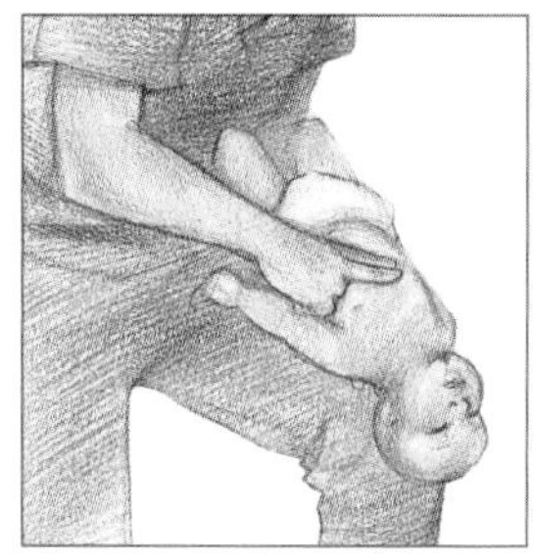

S'il ne peut pleurer, tousser ou respirer, ou s'il émet des bruits très aigus, retirez d'abord tout obstacle évident, mais n'explorez pas l'intérieur de sa bouche avec vos doigts. Couchez-le sur le ventre sur votre avant-bras ; appuyez votre avant-bras sur le haut de votre cuisse avec la tête de votre bébé qui dépasse votre genou plié. Avec le talon de votre autre main, frappez votre bébé entre les omoplates cinq fois. Chaque coup devrait être un effort distinct pour déloger l'objet.

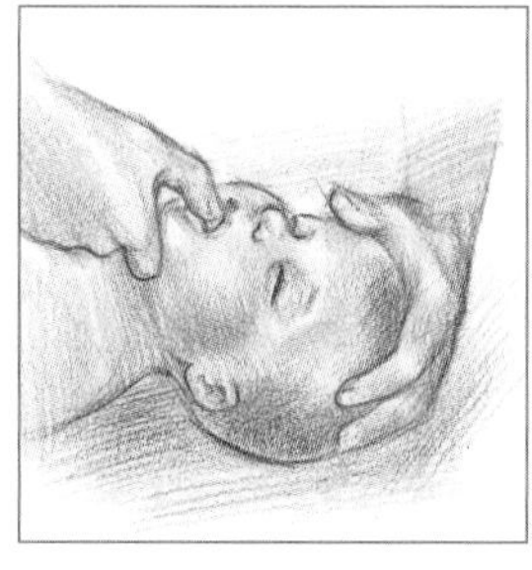

Si votre bébé est toujours étouffé, retournez-le délicatement sur le dos et placez deux ou trois doigts au centre de son sternum. Donnez cinq poussées sur la poitrine. Chaque poussée devrait s'enfoncer de un à deux cm (1/2 à 1 po) et devrait être une tentative indépendante pour déloger l'objet. Examinez sa bouche après chaque série de cinq poussées. Si l'obstruction persiste après trois cycles de coups dans le dos et de poussées sur la poitrine, composez le 911 pour une ambulance. Poursuivez comme décrit plus haut jusqu'à ce que les secours arrivent.

Si votre bébé s'évanouit, mais respire toujours, placez-le sur le dos, renversant légèrement sa tête vers l'arrière et à l'aide d'un seul doigt, tâtez et retirez délicatement tout obstacle de sa bouche. Si votre bébé demeure inconscient et cesse de respirer, demandez de l'aide et commencez la réanimation cardio-respiratoire (RCR [voir à la page 126]). S'il y a un pouls mais qu'il ne respire pas, pratiquez la respiration artificielle. Pour ce faire, d'une main, renversez délicatement sa tête vers l'arrière et, de l'autre, soulevez son menton pour ouvrir ses voies respiratoires. Appliquez hermétiquement votre bouche sur sa bouche et son nez et émettez une courte respiration toutes les trois secondes jusqu'à ce qu'il recommence à respirer par lui-même.

une mauvaise condition générale et des vomissements. Si le tympan éclate, du pus jaune ou vert ou du sang peut être visible dans l'oreille et sur l'oreiller.

Si votre enfant a un mal d'oreille mais, autrement, est en bonne condition, donnez-lui du paracétamol pendant 12 à 24 heures. Ne mettez aucune huile ou goutte dans son oreille. On peut placer une bouillotte ou un coussin chauffant sous l'oreille de l'enfant pour calmer la douleur. S'il semble avoir une infection, consultez votre médecin. Il pourra prescrire des antibiotiques ou recommander du paracétamol et des gouttes nasales décongestionnantes.

À la suite d'une infection de l'oreille, votre enfant peut éprouver des problèmes auditifs jusqu'à six semaines durant. S'ils persistent, consultez votre médecin.

La diarrhée

Généralement causée par une infection par le rotavirus, la diarrhée se caractérise par des selles fréquentes, sans consistance, liquides et malodorantes, qui peuvent contenir du mucus et être brunes, jaunes ou vertes. Les jeunes enfants peuvent aussi contracter un mal appelé la diarrhée des tout-petits, qui se manifeste par des périodes de selles très molles, dans lesquelles il peut y avoir des fragments d'aliments non digérés, et qui se produit sans raison apparente.

Si la diarrhée est très liquide ou contient du sang, si elle persiste

RÉANIMATION CARDIO-RESPIRATOIRE (RCR) POUR LES BÉBÉS DE MOINS D'UN AN

1. Couchez votre bébé sur une surface plane et ferme comme le plancher ou une table, puis renversez délicatement sa tête vers l'arrière avec une main et relevez son menton de l'autre pour dégager ses voies respiratoires. Il importe de ne pas trop renverser la tête vers l'arrière pour ne pas tordre les voies respiratoires. Collez votre oreille sur sa bouche et son nez et, en regardant, en écoutant et en tâtant, soyez à l'affût d'une respiration.
2. Si votre bébé ne respire pas, donnez-lui cinq respirations artificielles. Assurez-vous que ses voies respiratoires soient dégagées. Appliquez hermétiquement votre bouche sur sa bouche et son nez. Soufflez doucement dans ses poumons, tout en observant sa poitrine. Remplissez d'air vos joues et utilisez chaque fois cette quantité. Quand la poitrine se gonfle, arrêtez de souffler et laissez-la retomber. Répétez le processus cinq fois.
3. Ensuite, pratiquez 30 compressions thoraciques. Placez le bébé sur une surface ferme. Localisez un endroit au milieu de la poitrine et, à l'aide de deux doigts, pressez vivement jusqu'à un tiers de la profondeur de la poitrine. Pressez 30 fois au rythme de 100 pressions à la minute.
4. Après 30 compressions, donnez deux respirations artificielles. Poursuivez la réanimation (30 compressions thoraciques pour deux respirations artificielles) sans vous interrompre jusqu'à l'arrivée des secours.

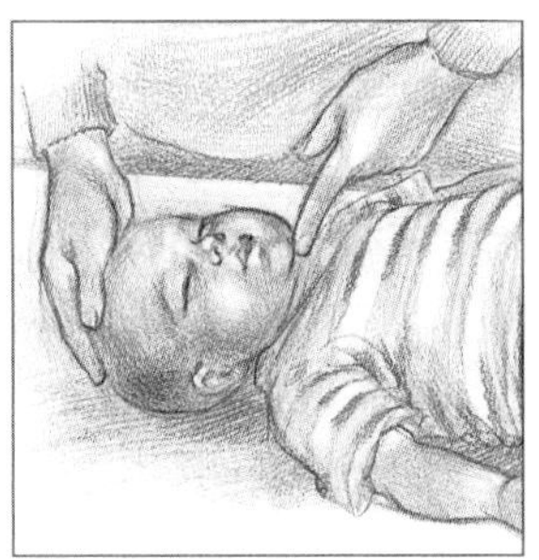

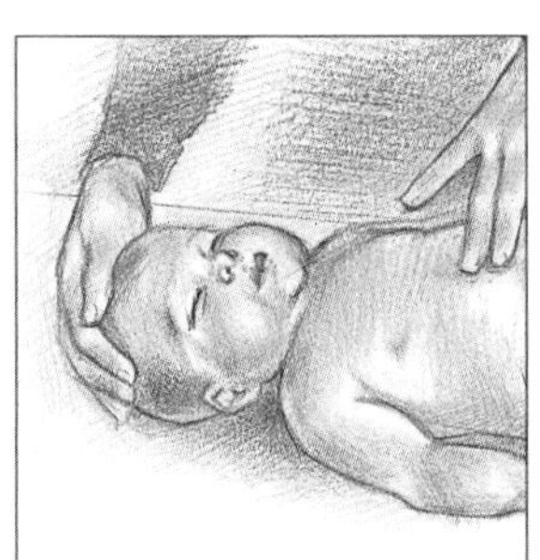
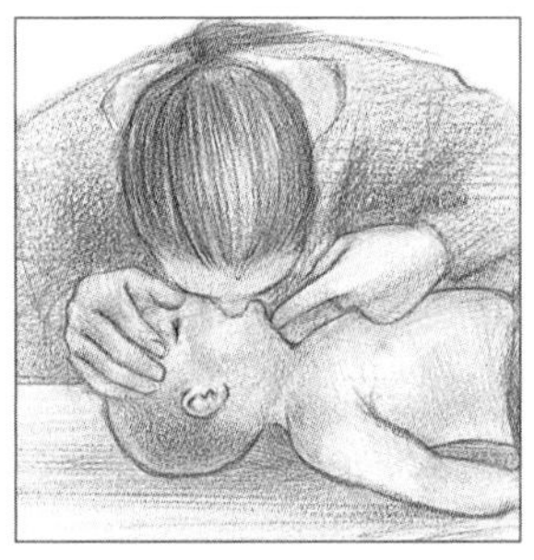

pendant plus de 48 heures, si votre enfant vomit aussi ou montre des signes de déshydratation (il a la peau sèche ou la bouche sèche, il a les yeux caves, il n'urine pas pendant une période de six à huit heures ou il est apathique), contactez d'urgence votre médecin.

Comme traitement, donnez à votre enfant une abondance de liquides clairs ou une solution électrolytique. Laissez-le manger s'il le désire, mais évitez de lui donner trop de lait et de fruits.

La varicelle

Infection virale bénigne courante, que la plupart des enfants ont eu avant l'âge de 10 ans, la varicelle est causée par un virus qui se transmet facilement par voie aérienne. Dans de rares cas, elle peut provoquer une encéphalite.

Des taches apparaissent, la plupart du temps en groupes, pendant trois à quatre jours. Celles-ci se transforment en cloques, puis s'encroûtent. Votre enfant aura un peu de fièvre, n'aura pas l'air bien et pourrait avoir des maux de tête.

Pour soulager la démangeaison, appliquez du peroxyde de zinc (ou lotion à la calamine) ou donnez à votre enfant un bain tiède auquel vous aurez ajouté une tasse de bicarbonate de soude ou d'avoine. Découragez-le de se gratter, parce qu'il peut en résulter des cicatrices. S'il est fiévreux, donnez-lui du paracétamol et beaucoup à boire. Ne lui donnez jamais d'aspirine, parce que cela peut créer des complications. Contactez votre médecin ; il pourrait prescrire une crème antiseptique.

Essayez de garder votre enfant éloigné de toute femme enceinte, car contracter la varicelle durant la grossesse peut entraîner des problèmes graves pour la mère et le bébé. Si votre enfant était en compagnie d'une femme enceinte tout juste avant que la maladie ne se déclare, dites à la femme de consulter son médecin.

La cinquième maladie

La cinquième maladie (ou mégalérythème épidémique) est une infection virale assez fréquente, quoique bénigne, qui frappe généralement au printemps. Le symptôme principal est une empreinte de gifle sur la joue, visible pendant un ou deux jours.

Durant les deux ou trois jours suivants, des éruptions rouges en dentelle apparaissent sur le corps. Elles peuvent apparaître et disparaître pendant deux semaines. Il peut y avoir de la fièvre et des sécrétions nasales.

Gardez votre enfant rafraîchi et donnez-lui beaucoup à boire. Une fois que les rougeurs apparaissent, l'enfant n'est pas contagieux, donc il n'est pas nécessaire de l'isoler. Les rougeurs ne causent généralement pas d'inconfort et disparaissent éventuellement sans traitement. Il n'y a pas de complications.

La rubéole

C'est une maladie virale, généralement bénigne chez les enfants, mais qui peut être grave chez les adultes. Par conséquent, il vaut mieux y être exposé quand on est enfant. On peut prévenir la rubéole par vaccination.

La rubéole peut commencer comme un rhume, mais des taches apparaissent sur le visage, puis se répandent sur le reste du corps. L'éruption ne dure habituellement que quelques jours. En général, votre enfant se sentira bien, mais il pourrait faire un peu de fièvre et avoir des nœuds lymphoïdes (appelés à tort « ganglions ») enflés à l'arrière du cou à la base du crâne. Donnez-lui amplement à boire. Gardez l'enfant à l'écart des femmes enceintes – si une femme enceinte contracte la rubéole durant les quatre premiers mois de sa grossesse, il y a des risques graves de dommages à son bébé.

La coqueluche

C'est une maladie très pénible et elle peut s'avérer dangereuse chez les tout-petits, mais on peut la prévenir par vaccination. Les complications peuvent inclure la pneumonie, les convulsions, les infections aux oreilles, les dommages au cerveau et, même, la mort. Gardez un enfant atteint de coqueluche à l'écart des bébés qui ne sont pas immunisés.

La coqueluche commence par un rhume et une toux, mais la toux s'envenime peu à peu et se modifie, donnant lieu à des quintes de toux en succession. Celles-ci sont épuisantes pour votre enfant qui peut éprouver des difficultés à respirer et peut vomir ou s'étouffer. La toux, habituellement, mais pas toujours, se termine par un « houp » alors que l'enfant cherche à reprendre son souffle. Cela peut perdurer plusieurs semaines.

Appelez votre médecin. Des antibiotiques seront nécessaires et, dans les cas graves, l'hospitalisation s'imposera. Gardez votre enfant rafraîchi. Donnez-lui à boire et à manger immédiatement après une quinte de toux. Si votre enfant traverse une quinte de toux qui l'étouffe, placez-le sur vos genoux, inclinez-le vers l'avant et tapotez ou caressez doucement son dos pour aider à déloger le mucus.

L'impétigo

Cette fréquente infection bactérienne de la peau chez les enfants se produit ordinairement autour du nez et de la bouche. Elle se répand rapidement, surtout par temps chaud. Les complications peuvent inclure l'enflure des nœuds lymphatiques, la septicémie et l'inflammation rénale.

Les taches forment des cloques contenant un liquide jaune gluant qui suppure de la peau. Le liquide sèche et forme des croûtes couleur de miel sur la peau.

Consultez votre médecin immédiatement parce que l'impétigo se répand vite s'il n'est pas traité. Un antibiotique topique, recouvert d'un pansement, et parfois un antibiotique oral seront nécessaires. Lavez les régions encroûtées à l'eau chaude ; séchez en tapotant à l'aide d'essuie-tout. Gardez les couvertures, les serviettes et la literie de votre enfant séparées de celles du reste de la famille. Gardez votre enfant à la maison jusqu'à sa guérison complète.

L'eczéma infantile

Aussi connue sous l'appellation « dermite atopique », c'est la forme d'eczéma la plus courante chez les bébés de moins de 12 mois. L'eczéma est un état allergique relié à l'asthme et au rhume des foins. Il peut être héréditaire, mais il en existe aussi des cas isolés. Il apparaît couramment sur le visage et le cuir chevelu ou derrière les oreilles. Votre enfant peut n'avoir que quelques zones de peau sèche ; toutefois, si l'eczéma est sévère, la peau de votre bébé peut devenir irritée, enflammée et suintante. Cela provoque des démangeaisons insupportables. Par conséquent, votre bébé se grattera continuellement, ce qui rendra sa peau sujette à de nouvelles infections. Quoique cela puisse être seulement géré, mais non guéri, la plupart des enfants se tirent de l'eczéma atopique. Il est important de suivre un régime strict d'entretien de la peau sous supervision médicale. Des émollients empêcheront la peau de votre bébé de trop s'assécher et de le démanger. Les crèmes à base de stéroïdes peuvent réduire l'inflammation mais, en général, elles sont utilisées seulement si l'eczéma dont votre bébé est affligé n'a pas réagi aux émollients. Des antibiotiques peuvent être prescrits pour éliminer l'infection dans les cas graves.

Enfiler des mitaines au bébé aidera à l'empêcher de se gratter. L'allaitement au sein pendant six mois peut accorder une certaine protection contre les allergènes.

Index

Remerciements

Produits fournis par Mothercare
Tous les produits sont disponibles chez www.mothercare.com

Crédits photographiques

P 2/3 Camera Press/Eltern: P 7 Terry Allen/Photolibrary Group: P 9 Camera Press/Eltern: P 12 Photolibrary Group: P 16,19, 21, 44 Getty Images: P 51 Camera Press/Eltern: P 52 Getty Images
P 56 Camera Press/Richard Stonehouse: P 57
www.bloomingmarvellous.co.uk:
P 58t, b, 68, 70, 82, 84, 87, 88t, 92/3 Getty Images: P 97 Camera Press/Richard Stonehouse: P 102 Camera Press/Images 24: P 108 Camera Press/Richard Stonehouse:
P 113, 121 Getty Images
Couverture Getty Images